Serie: Refutation des «Idées Salafies» No: 2
Chafa'a, Tawwassoul, Istaghatha

L'Intercession

Cheikh Mouhammad Hisham Kabbani

Publié par
Le Conseil Suprême Islamique des Etats Unis
D'Amerique

© Cheikh Mouhammad Hicham Kabbani, 2007

Aucune partie de ce livre ne peut être reproduite ou utilisée sous aucunes forme ou par quelque procédé que se soit, électronique ou mécanique, y compris des photocopies et des rapports ou par aucun moyen de mise en mémoire d'information et de système de récupération sans la permission écrite de l'auteur:

Cheikh Mouhammad Hicham Kabbani,
Le Conseil Suprême Islamique des Etats Unis D'Amerique
Islamic Supreme Council of America

17195 Silver Parkway # 401
Fenton, MI 48430
Etats Unis d'Amerique (USA)
Tel.: (810) 593-1222
Fax: (810) 222-2885

Email: staff@islamicsupremecouncil.org
www: http://www.islamicsupremecouncil.org

imprimé en Amerique par Lightning Source Inc.,
www.lightningsource.com

ISBN 1-930409-47-8

TABLE DES MATIÈRES

Une Note du Traducteur viii
A Propos de l'Auteur ix
Preface 12
Introduction 13
I - Les Preuves de L'Intercession (*chafa'a*) dans la Doctrine Islamique 17
   1. Quel est Le Sens de l'Intercession? 28
      1.2. L'intercession dans la Création 33
      1.3. L'Intercession Dans La Législation. 34
   2. Preuves de l'intercession dans le Coran et le hadith 37
      2.1. Définitions Linguistiques 37
      2.2. La doctrine Islamique de la croyance en l'intercession 37
   3. Preuve de l'intercession et de la médiation dans le Coran 38
      3.1. Le Jour du Jugement 39
      3.2. En termes absolus, l'intercession appartient à Allah 39
      3.3. L'intercession permise à d'autres mais seulement avec Sa permission 40
      3.4. L'intercession permise aux anges 40
      3.5. L'intercession du Prophète ﷺ de son vivant est explicitement et fréquemment établie. 41
      3.6. L'intercession et la médiation du Prophète ﷺ au Jour du Jugement 42
      3.7. L'intercession des prophètes en général. 43

4. Preuve de l'intercession et de la médiation dans le hadith 44
    4.1. L'intercession du Prophète ﷺ 45
    4.1. a. De son vivant pour ceux qui sont morts 45
    4.1.b. Dans l'au-delà 46
    4.2. L'intercession des membres spéciaux de la communauté du Prophète ﷺ 54
    4.2.a. De leur vivant pour ceux qui sont en vie 54
    4.2.b. Dans l'au-delà 55
    4.3. L'intercession du commun des croyants dans la communauté du Prophète ﷺ 55
    4.3.a. De leur vivant pour ceux qui sont morts 55
    4.3.b. Dans l'au-delà 57
    4.4. Vue d'ensemble de la scène d'intercession au jour dernier 58

II. La Recherche des moyens d'accès à Allah (*Tawassoul*) à travers le Prophète ﷺ 61
    1. Le tawassoul du prophète Adam ﷺ à travers le Prophète Mouhammad ﷺ 66
    2. La création par Allah pour l'amour du Prophète Mouhammad ﷺ 70
    3. Le nom du Prophète ﷺ écrit auprès du Nom d'Allah ... 74
    4. Le hadith de l'intercession de l'homme aveugle à travers le Prophète Mouhammad ﷺ 78
    5. Le Tawassoul d'Oumar pour la pluie à travers l'oncle du Prophète ﷺ 81
    6. Le tawassoul de Aïcha pour la pluie à travers le Prophète ﷺ 83
    7. La prière du Prophète ﷺ pour la pluie (*istisqa*) 92

8. La Prière de Bilal pour la Pluie à la Tombe Du Prophète ﷺ 94
9. Le Prophète ﷺ Voit L'Activité De Sa Communauté 96
10. Le récit de Al-Outbi et autres exemples de Tawassoul à La Tombe du Prophète ﷺ 98

III. La Recherche des moyens d'accès (*Tawassoul*) à Allah à travers les Saints.. 105
1. Ceux qui ont quitté cette vie ont-ils connaissance des affaires des vivants? 121
2. Les Intermédiaires à Allah 129
3. L'Imam Chawkani 133
   3.1. Fatwa de l'Imam Chawkani sur rechercher un moyen d'approche à Allah (*Tawassoul*) 133
   3.2. L'Imam Chawkani dénonce les Wahhabis 134
4. Fatwa de cheikh Salih Al-Naman sur la recherche d'un moyen d'approche à Allah 140
5. Fatwa de cheikh Souhayl al-Zabib sur la recherche des moyens d'approche à Allah 145
6. Fatwa de Moustafa Ibn Ahmad Ibn al-Hassan al-Chatti al-hanbali al-Athari al-Dimaschqi (1856-1929 CE) sur la recherche des moyens d'approche à Allah........................ 151

IV. Le rejet de ceux qui comparent la recherche des moyens d'accès à Allah et la demande d'intercession à l'adoration de Jésus ﷺ et des saints par les Chrétiens, et ceux qui limitent la quantité d'implorations de bénédictions sur le Prophète ﷺ. 157
1. L'Invocation de Cheikh al-Islam al-Hafiz Taqi al-Din al-Soubki à la Recherche des Moyens d'Approche à Allah. 172
2. Daroud Taj: L'Imploration de Bénédictions Sur Le Prophète ﷺ Connues comme «L'Invocation De La Couronne» 175

3. Une Autre Imploration de Bénédictions Sur le Prophète ﷺ 179
V. Albani reformule la supplication du Prophète ﷺ dans la recherche des moyens d'approche à Allah 183
   1. La déformation du Hadith en lui-même par Albani.... 185
   2. La Contestation et le Mépris d'Albani pour les Savants 188
   3. Une réfutation d'Albani par L'Imam Nawawi et L'Imam Ibn al-Houmam al-Hanafi 206
VI. La réfutation de ceux qui mettent en question la pratique valide Islamique de recherche de bénédictions (Tabarrouk) à travers les reliques du Prophète ﷺ par les Compagnons 219
   1. Les cheveux et les ongles du Prophète ﷺ 220
   2. La sueur du Prophète ﷺ 223
   3. La salive et l'eau d'ablution du Prophète ﷺ 224
   4. La Tasse Du Prophète ﷺ 225
   5. Le *Minbar* Du Prophète ﷺ 226
   6. L'Argent que le Prophète ﷺ dépensa 226
   7. Les Cannes du Prophète ﷺ 226
   8. La Chemise du Prophète ﷺ 227
   9. Les lieux de prière (*Moussalla*) du Prophète ﷺ 227
   10. La Tombe du Prophète ﷺ 228
   11. Le Manteau (*Joubba*) du Prophète ﷺ 232
   12. Les objets, endroits et gens que le Prophète ﷺ a touché 233
   13. La terre et la végétation de Médine 238
   14. Sa Main et ses Pieds 239
   15. La Peau Bénie du Prophète ﷺ 243
   16. Les Lieux que le Prophète ﷺ visita 245

17. Sa Nourriture 245
18. Ses Flèches 246
19. Les Sandales du Prophète ﷺ 247
20. Sa Ceinture 251
Glossaire **253**

UNE NOTE DU TRADUCTEUR

Traduit de l'anglais avec la permission de Cheikh Hicham Kabbani par Diomandé Vakoua.

Toute erreur de traduction de l'anglais au français n'incombe nullement à l'auteur mais au traducteur.

Nous remercions infiniment notre Cheikh, **Cheikh Mouhammad Hicham Kabbani** de nous avoir permis de mettre à la disposition du public d'expression française, ce livre qui traite de l'un des plus importants aspects de notre religion, l'***Intercession (Chafa'a) et tawassoul (rechercher un moyen)***. Elle fut pratiquée par le Prophète ﷺ lui-même et ses illustres Compagnons, de son vivant et après sa mort. Ensuite les générations qui les suivirent, en passant par les Imams fondateurs des quatre Ecoles Juridiques, les Imams des Traditions Prophétiques ainsi que ceux des générations ultérieures, tous, ont étudié et pratiqué l'intercession.

Dans l'objectif de rester aussi fidèle que possible à l'auteur et de respecter sa volonté de rendre son message compréhensible et accessible à toute personne pouvant lire le français, nous n'avons pas employé un langage académique. Pour vos suggestions, écrivez-nous à:

diomande@sunnah.org

staff@islamicsupremecouncil.org

A Propos de l'Auteur

Cheikh Mouhammad Hicham Kabbani est un auteur mondialement connu et un savant religieux. Il a consacré sa vie à la promotion des principes traditionnels de l'Islam qui sont la paix, la tolérance, l'amour, la compassion et la fraternité tout en s'opposant à l'extrémisme sous toutes ses formes. Le cheikh est issu d'une lignée très respectée de savants de l'Islam traditionnel tels que l'ancien directeur de l'Association des Savants Musulmans du Liban et l'actuel Grand Moufti[1] du Liban.

Aux États-Unis, Cheikh Kabbani dirige le *Islamic Supreme Council of America*. Il est également le fondateur de l'Ordre Soufi Naqchbandi en Amérique; conseiller de l'Organisation mondiale pour le développement des Ressources et de l'Éducation; directeur de *As-Sunnah Foundation of America*; directeur de *Kamilat*, une organisation de femmes musulmanes; fondateur et président d'une revue musulmane, *The Muslim Magazine*.

Cheikh Kabbani a reçu une formation hors du commun, que ce soit dans les sciences ou dans la doctrine islamique. Il est diplômé en chimie et a fait des études de médecine. Il possède également un diplôme dans la Loi Musulmane et sous l'autorité de Cheikh 'Abd Allah Daghestani ق, il a la permission d'enseigner, de guider et conseiller ceux intéressés par la spiritualité Musulmane en puisant dans les enseignements de Cheikh Mouhammad

---

[1] La plus grande autorité religieuse du pays.

Nazim 'Adil al-Qoubroussi al-Haqqani an-Naqchbandi ق, leader mondial de l'Ordre Soufi Naqchbandi-Haqqani.

Il est l'auteur des ouvrages suivants: *Pearls and Coral* (2005); *Keys to the Divine Kingdom* (2005); *Classical Islam and the Naqchbandi Sufi Order* (2004); *The Naqchbandi Sufi Tradition Guidebook* (2004); *The Approach of Armageddon? An Islamic Perspective* (2003); *Encyclopedia of Muhammad's Women Companions and the Traditions They Related* (1998, avec Dr. Laleh Bakhtiar); *Encyclopedia of Islamic Doctrine* (7 vols. 1998); *Angels Unveiled* (1996); *The Naqchbandi Sufi Way* (1995); *Remembrance of God Liturgy of the Sufi Naqchbandi Masters* (1994).

Au delà de la promotion sans relâche d'une meilleure compréhension de l'Islam traditionnel, Cheikh Kabbani a organisé deux conférences internationales aux États-Unis qui ont réuni tous les savants du monde Musulman. En tant que porte-parole de l'Islam traditionnel, il est sollicité par les journalistes, les intellectuels et les chefs de gouvernements pour ses conseils.

Symbole Universel

Le symbole arabe suivant est sacré et est reconnu par tous les Musulmans:

Le symbole ﷺ signifie *sall-Allahou 'alayhi wa sallam* (bénédictions et la paix de Dieu sur le Prophète), une louange d'usage qui est récitée après avoir lu ou prononcé le nom saint du Prophète Mouhammad ﷺ.

Le symbole ؑ signifie *alayhi 's-salam* (la paix soit sur lui/elle), une louange d'usage qui est récitée après avoir lu ou prononcé le nom béni des prophètes, les membres de la famille du Prophète Mouhammad ﷺ et les anges.

PREFACE

Est-il vrai, comme le disent certains que le *tawassoul* ou «rechercher un moyen» à travers le Prophète ﷺ et les *awliya´* tel que rechercher leur intercession, n'est pas nécessaire en Islam parce qu'Allah dit qu'Il est proche et répond directement à quiconque fait appel à Lui?

Qu'en est-il de la déclaration dans *al-Wala wal-Bara* selon la *Aqidah* des *Salafis* qui dit que parmi les «dix actions qui annulent l'Islam» figure celle «de compter sur un intermédiaire entre soi et Allah en cherchant une intercession»?

Qu'en est-il de ceux qui comparent le *tawassoul* et demander au travers d'un intermédiaire à l'adoration de Jésus et des saints par les Chrétiens, ceux qui rejettent le *tabarrouk bi al-athar* – obtenir des bénédictions par les reliques du Prophète ﷺ – comme ne faisant pas partie intégrante de l'Islam?

Et qu'en est-il de la revendication d'Albani que le *tawassoul* n'est pas à travers la personne du Prophète ﷺ après son décès mais à travers son *dou`a* et seulement de son vivant?

INTRODUCTION

Louange à Allah, Seigneur des mondes, la paix et les bénédictions d'Allah sur Son Prophète et Messager Mouhammad ﷺ, sa Famille, et tous ses Compagnons. Il n'y a pas un seul acte d'adoration en Islam qui ne soit un moyen d'approche à Allah (*tawassoul*), et partant de là il est inadmissible de dire que le *tawassoul* n'est pas une partie intégrante et centrale de l'Islam.

Le *tawassoul* est le cœur même de l'Islam, et la *chahada* proclame la croyance au *tawassoul*. L'on ne peut être Musulman à moins de reconnaître le statut d'envoyé et la prophétie de Mouhammad, la paix et les bénédictions sur lui, et celle de tous les prophètes, bien que le but soit Allah Seul Qui dit: «*Je n'ai crée les djinns et les hommes que pour qu'ils M'adorent*» (51:56). Ce faisant, le *tawassoul* est un moyen obligatoire pour une fin obligatoire. Similairement, tous les piliers de l'Islam sont des actions qui sont un moyen d'intercession auprès d'Allah pour celui qui les exécute.

L'intercession est le plus grand moyen, car c'est seulement par celle-ci que les gens de l'enfer entreront au Paradis, et Allah S'appelle Lui-même «Intercesseur» dans le verset: «*Vous n'avez en dehors de Lui, ni allié ni intercesseur*». (32:4) de même dans le long hadith rapporté par Mouslim dans lequel le Prophète ﷺ dit:

Allah dira:

«Les anges ont intercédé. Les Prophètes ont intercédé. Il ne reste plus rien sauf le Tout Miséricordieux des miséricordieux».[2]

Le Prophète ﷺ qualifia aussi le Coran d'intercesseur, et il déclara de même que les gens étaient des intercesseurs, et pour cela, il donna comme exemple l'intercession des enfants en faveur de leurs parents qui les ont perdus en bas âge. Nous demandons l'intercession du mort chaque fois que nous prions la *janaza* lorsque nous disons: *allahoumma la tahrimna ajrahoum* qui veut dire: «O Allah! Ne nous prive pas de leur récompense». Allah déclare que les meilleurs personnes sont les Prophètes, ensuite les véridiques (*siddiqin*) et ceux-là sont les grands saints, ensuite les martyrs (*chouhada*), puis les vertueux (*salihin*), et le Prophète ﷺ déclara que chaque personne intercèdera le Jour de la Résurrection mais par ordre de priorité, tout comme Allah donne une préséance dans ce monde à ceux qui sont proches de Lui. Et tout ceci est une grande miséricorde d'Allah aux mondes, et la raison pour laquelle nous sommes grandement bénis sur cette terre malgré nos péchés. En effet, le monde n'est jamais dépourvu de sincères adorateurs, et il y a toujours quelqu'un quelque part occupé à dire «Allah». Une fois que nous nous rendons compte de cela, nous n'aurons jamais de doute au sujet des Musulmans se servant des bénédictions et de la direction éclairée qu'Allah leur a envoyée à travers les *anbiya'* et les *awliya'*.

L'amitié avec Allah qui est établie dans la prophétie (*noubouwwa*) et dans la Sainteté (*wilaya*) ne s'arrête pas à la

---

[2] Rapporté par Mouslim (*Iman*) d'Abou Sa`id al-Khoudri.

mort. L'hérésie de ceux qui revendiquent que le Prophète ﷺ est mort et s'en est allé après avoir délivré son message est vigoureusement rejetée par la majorité des Musulmans. *Hacha! Wa ta`ala Allahou `amma yassifoun*. Il est en vie et pourvu, nos salutations l'atteignent, nos actions lui sont montrées, il intercède pour nous, et la terre de sa tombe est le lieu le plus béni de la terre pour lequel aucune démonstration d'amour et d'honneur n'est assez grande. Aucune personne prétendant l'aimer ne peut approcher la tombe du Prophète ﷺ sans *adab* (bonnes manières). Il est de la responsabilité de tout musulman de savoir distinguer le vrai du faux, et la recherche des moyens d'accès à Allah (*tawassoul*) se fait d'abord et avant tout à travers la personne du Prophète ﷺ. Ceci est vrai, recommandé et est l'un des plus grands moyens pour s'approcher d'Allah. Telle est la position de la majorité écrasante des savants jusqu'à notre temps à l'exception d'une poignée de contestataires.

Le *Tawassoul* n'est pas un luxe réservé aux riches, et sa validité n'est pas déterminée par une circonstance, une analogie ou par un sentiment personnel mais par des preuves légales solides et la pratique de ce dernier par les vertueuses et premières générations. Ce n'est pas le fait d'une approche intellectuelle mais une croyance solide et saine. Refuser ou ne pas aimer demander l'aide du Prophète ﷺ est un signe d'arrogance vis-à-vis de la plus grande miséricorde d'Allah, une preuve de dédain pour le Prophète ﷺ, un signe d'orgueil et de cœur malade. Qu'Allah nous en protège tout le temps et spécialement en cette période contemporaine marquée par la peur d'afficher son amour pour le Prophète ﷺ, période où sévit un manque d'affection pour lui. En ce qui concerne le *tawassoul* avec les saints, nous disons ceci: Personne ne peut revendiquer connaître Allah mieux que le Prophète ﷺ, tout comme personne ne peut revendiquer connaître le Prophète ﷺ mieux que les Intimes d'Allah (saints, *awliya*). Quel est alors le statut de celui qui arrête de rechercher leur compagnie et de demander leur aide et conseil?

I - Les Preuves de L'Intercession (*chafa'a*) dans la Doctrine Islamique

En Islam, chaque croyant par son action devient intercesseur, et le Prophète ﷺ nous a dit que le Coran aussi intercédera pour nous au Jour de la Résurrection[3]. Le rôle du Prophète ﷺ comme intercesseur entre la création et le Créateur est démontré par sa position comme celui qu'Allah consulte au sujet de sa communauté. Ceci est établi par le hadith authentique suivant:[4]

> Houdhayfa dit: «Le Prophète ﷺ était absent, et il ne parut pas à tel point que nous avons cru qu'il n'allait plus sortir. Mais lorsqu'il apparut, il se prosterna longuement à tel point que nous avons cru que son âme a été prise au cours de cette prosternation. Lorsqu'il releva la tête, il dit: «Mon Seigneur m'a demandé mon avis (*istascharani*) concernant ma communauté, disant: «Que dois-je faire d'eux?» Je dis: «Comme cela Te plaira, mon Seigneur; ils sont Ta création et Tes serviteurs!» Ensuite Il demanda encore mon avis (*fa istacharani al-thaniya*), et je Lui dis la même chose, ainsi Il dit: «Nous ne te causerons pas de honte au sujet de ta communauté, Ô Mouhammad!».

---

[3] Mouslim, Ahmad, et autres.
[4] Rapporté par l'Imam Ahmad dans son *Mousnad* (5:393), et Haythami dit dans son *Majma al-zawaid* (10:68) que cette chaîne est hassan.

Ensuite Il m'informa que les premiers de ma communauté à entrer au paradis seront soixante dix mille, chaque groupe de mille aura avec lui soixante dix mille [soit quatre milliards, neuf cent millions], et aucun d'eux n'aura de compte à rendre.

Ensuite Il m'envoya un messager qui dit: «Supplie et il te sera octroyé. Demande et il te sera donné». «Je dis à Son messager: «Mon Seigneur me donnera t-Il tout ce que je demanderai?» Il répondit: «Il m'envoya à toi que pour te donner tout ce que tu demandes».

Et en vérité, mon Seigneur m'a donné tout ce que j'ai demandé, et je dis cela sans orgueil: Il a pardonné mes péchés, présents et futurs, pendant que je suis encore en vie et parmi les gens, Il m'a garanti que ma Communauté ne sera pas affamée et ne sera pas vaincue. Il m'a donné *al-Kawtar*, une rivière du paradis qui coule dans mon bassin. Il m'a donné pouvoir et victoire sur mes ennemis, et frayé la terreur dans leurs rangs à un mois de distance de ma Communauté. Il m'a accordé à être le premier parmi les prophètes à entrer au paradis. Il m'a rendu le butin de guerre licite de même qu'à ma Communauté, et Il m'a rendu licite beaucoup de ce qu'Il avait interdit à ceux d'avant nous, et Il ne m'en pas réprimandé.

I - LES PREUVES DE L'INTERCESSION (CHAFA'A) DANS LA DOCTRINE ISLAMIQUE

Selon la *Chari`a* (la loi divine), une bonne action par même le plus grand des apostats intercède en sa faveur. Cela est établi par Boukhari lorsqu'il rapporte que parce qu'Abou Lahab libéra son esclave Thouwayba le jour où le Prophète ﷺ est né, son châtiment dans sa tombe est atténué chaque lundi. Les savants ont aussi cité ce hadith pour souligner l'importance de la louange du Prophète ﷺ et de mettre en relief que même les non-croyants bénéficient de l'intercession de leurs propres actions qui dénotent son éloge – même si cela ne se fait pas de manière intentionnelle. Parmi ces savants figure le hafiz de Syrie et supporteur d'Ibn Taymiyya, Mouhammad ibn Abi Bakr al-Qaysi, connu sous le nom d'Ibn Nassir al-Din Dimachqi (777-842) qui rédigea plusieurs livres sur les mérites de la célébration de la naissance du Prophète Mouhammad ﷺ (*mawlid*), parmi lesquels *Jami` al-athar fi maoulid al-nabi al-moukhtar* (La Synthèse des rapports concernant la naissance de l'élu Prophète ﷺ), *al-Lafz al-ra'iq fi maoulid khayr al-khala'iq* (Les expressions brillantes à propos de la naissance du Meilleur de la Création) et *Mawrid al-sadi bi mawlid al-nabi al-hadi* (Le printemps continuel: la naissance du Prophète Guide), et le hafiz Chams al-Din al-Jazari dans son livre *`Ourf al-ta`rif bi al-maoulid al-charif* (La bienfaisante communication de la Noble naissance du Prophète ﷺ). Un autre principe de ce hadith est que le bénéfice de l'intercession a lieu avant la Résurrection.

Le fait que d'autres personnes hormis le Prophète ﷺ soient des intercesseurs est bien établi dans la mesure où le Prophète ﷺ a déclaré de manière explicite dans plusieurs hadiths authentiques parmi lesquels nous citons les suivants:

Plus de la collectivité des tribus des Banou Tamin entreront au Paradis à cause de l'intercession d'un homme de ma communauté. Il fut dit: «Ô Messager d'Allah! Autre que toi?» Il dit: «Autre que moi».[5]

La croyance en l'intercession du Prophète ﷺ et de celle d'autres personnes hormis lui est obligatoire en Islam. Cela est clairement cité par les Imams al-Tahawi, Ghazzali, al-Achari et même par Ibn Taymiyya. L'intercession du Prophète ﷺ et des autres est une miséricorde de la part d'Allah, et c'est une obligation et un ordre pour l'humanité de rechercher la miséricorde d'Allah.[6]

La recherche de l'intercession a deux effets: l'un est immédiat, accroissant la foi de la personne et lui offrant toutes sortes de bénéfices dans ce monde; l'autre est retardé jusqu'au Jour de la Résurrection.

La déclaration dans *al-Wala' wal-Bara'* qui dit que parmi les «dix actions qui annulent l'Islam» figure «compter sur un intermédiaire entre soi et Allah à la recherche de l'intercession»[7], est complètement rejetée par l'Islam traditionnel, dans la mesure où selon le saint Coran, même

---

[5] Rapporté par Thirmidhi (*hassan sahih gharib*).
[6] Plus spécifiquement dans l'*`Aqida tahawiyya* de l'Imam al-Tahawi, dans *al-Iqtissad* de Ghazali et le chapitre sur `aqida dans son *Ihya'*, dans les travaux d'al-Achari, et dans l'*`Aqida wassitiyya* d'Ibn Taymiyya
[7] Mouhammad Said, al-Qahtani, *al-Wala' wal-Bara' selon le `Aqidah des Salaf* (London: al-Firdous Ltd., 1993) p.99.

I - LES PREUVES DE L'INTERCESSION (CHAFA'A) DANS LA DOCTRINE ISLAMIQUE

les Juifs recherchèrent l'intercession du Prophète ﷺ avant son apparition:[8]

> Et lorsque vint d'Allah un (vrai) Livre [le Coran] confirmant ce qu'ils avaient déjà [la Torah], alors qu'auparavant [avant que le Coran ne fut révélé] ils priaient pour la victoire sur les mécréants [disant: Ô Allah! donne-nous la victoire sur eux par l'intermédiaire et l'aide du Prophète qui sera envoyé à la fin des temps], mais lorsque leur vint [le Prophète ﷺ; la vérité qu'ils savaient de la Torah, à savoir l'avènement du Prophète ﷺ] ce qu'ils ne reconnurent pas, ils le mécrurent [par envie et aversion dû à leur perte d'autorité]; Ainsi la malédiction d'Allah est sur les mécréants.[9]

Concernant le verset ci-dessus, Souyouti dit:[10]

> Ibn Abi Hatim rapporta à travers Said ou Ikrima de la part d'Ibn Abbas: Les Juifs priaient pour le Prophète [Mouhammad ﷺ] pour sa victoire sur les Aws et Khazraj [des tribus à Médine], avant qu'il ne soit envoyé. Alors, lorsque Allah l'envoya de parmi les Arabes, ils mécrurent en lui. Ils nièrent et refusèrent ce qu'ils disaient à son propos. A cela, Mouadh ibn Jabal, Bichr ibn al-Bara, et Dawoud ibn Salama dirent: «Ô Juifs! Ayez peur d'Allah et soumettez-vous! Car vous

---

[8] Comme expliqué par Souyouti et al-Mahalli dans *Tafsir al-jalalayn*.
[9] Verset 2:89; la traduction Mouhammad Chakir et *Tafsir al-jalalayn*.
[10] Souyouti, *Asbab al-nouzoul*.

aviez l'habitude de prier pour la victoire sur nous à travers Mouhammad lorsque nous étions mécréants, et vous nous disiez qu'il était un messager qui serait bientôt envoyé, et vous le décriviez pour nous». A la suite de laquelle Salam ibn Machkam, quelqu'un de la tribu Juive des Banou Nadir dit: «Il n'est pas venu à nous avec quelque chose que nous reconnaissions, et il n'est pas celui que nous décrivions et dont nous parlions auparavant». Pour cette raison, Allah révéla le verset.

Cette preuve montre que la déclaration dans *al-Wara wa al-bara* où parmi les «dix actions qui annulent l'Islam» figure compter sur un intermédiaire entre soi et Allah recherchant l'intercession est fallacieuse et se contredit dans la mesure où le sens de l'intercession est d'agir comme un intermédiaire. Comment peut-on à la fois rechercher un intermédiaire et s'abstenir de compter sur lui? Ceci ne peut être que l'acte d'une personne perfide et non celui d'un croyant. Mettant de côté le langage et la logique, il est clair dans le Hadith de Boukhari et Mouslim concernant l'Intercession que les gens rechercheront des intercesseurs parmi les Prophètes jusqu'à ce qu'ils parviennent au Sceau des Prophètes comptant sur lui pour intercéder, et il leur confirmera qu'il est capable de satisfaire leur requête. Ceci est l'un des points au sujet duquel le Prophète ﷺ dit dans le hadith «Cinq choses m'ont été offertes...» Quel est alors l'effet de comparer l'intercession à une «action qui annule l'Islam» autre que de réduire le statut du Prophète ﷺ lui-même et de son intercession?

I - LES PREUVES DE L'INTERCESSION (CHAFA'A) DANS LA DOCTRINE ISLAMIQUE

Allah a crée l'intercession comme Il a crée toute autre chose – à partir de Sa miséricorde. Il dit: «*Ma miséricorde couvre toutes les choses*» (7:156). Il n'y a pas de doute, Sa plus grande Miséricorde est le Prophète ﷺ au sujet duquel Il dit: «*Et nous ne t'avons envoyé que comme une Miséricorde pour les mondes*» (21:107). La croyance en l'intercession du Prophète ﷺ n'est pas dissociée de l'attestation des croyants à la vérité qu'Il envoya et leur reconnaissance de son droit en tant que la plus grande Miséricorde d'Allah. Quoique les anges intercèdent également selon le Coran, le Prophète ﷺ est plus proche d'Allah que le plus proche d'entre eux. Personne ne parlera au Jour du Jugement sauf ceux qui ont la permission, et il est rapporté par d'authentiques hadiths qu'Allah donna une telle permission au Prophète ﷺ. Le Prophète ﷺ ne dira pas: «Je et Moi» mais dira: *oummati, oummati* « Ma Communauté, Ma Communauté ». Une telle intercession ne peut pas être escomptée ou recherchée, comme « les Salafis » essaient de le suggérer.

Allah dit dans la Sourah Jonas :

> *Qu'y a-t-il d'étonnant à ce que nous ayons donné mission à l'un d'entre vous d'avertir ses semblables? Annonce à ceux qui croient qu'ils jouiront d'un précurseur véridique auprès de leur Seigneur. Les incrédules traitent cette mission de magie manifeste*». (10:2).

La liste suivante énumère les noms de savants connus pour avoir expliqué l'expression (*qadama sidqin*): «un précurseur véridique» est mentionné dans les sources suivantes:

- Boukhari dans son *Sahih*[11]
- Tabari dans *Jami al-bayan*
- Qourtoubi dans *al-Jami li al-ahkam*
- Ibn Ouyayna dans son *Tafsir*
- Ibn Kathir dans son *Tafsir*
- Souyouti dans *al-Dourr al-manthour at al-Riyad al-aniqa*
- Abou al-Fadl al-Maydani dans *Majma al-amthal*
- Abou al-Cheikh (il s'agit d'Abd Allah ibn Mouhammad al-Asbahani)
- Ibn Mardawayh dans son *Tafsir*
- Ibn Abi Hatim dans son *Tafsir*

D'autres disent, sur l'autorité des Compagnons Ali ibn Abi Talib, Abou Said al-Khoudri, les tabiin, al-Hassan, Qatada, Moujahid, Zayd ibn Aslam, Bakkar ibn Malik et Mouqatil: «Il s'agit de Mouhammad, la paix et les bénédictions sur lui».

Qourtoubi dit:

Il s'agit de Mouhammad ﷺ, car il est l'intercesseur à qui les gens obéissent et qui les précède, juste comme il dit: «Je serai votre éclaireur à l'étang (*ana faratoukoum ala al-hawd*)». Interrogé au sujet de son sens, il dit: «C'est mon intercession, pour que vous m'utilisiez comme un moyen vers votre

---

[11] Boukhari, Livre de *Tafsir de la Sourah Jonas*, ch.1.

I - LES PREUVES DE L'INTERCESSION (CHAFA'A) DANS LA DOCTRINE ISLAMIQUE

Seigneur *(hiya chafaati tawassalouna bi ila rabbikoum)*».[12]

Al-Hakim al-Tirmidhi dit:

«Allah lui donna la prérogative *(qaddamahou)* avec le rang louable *(al-maqam al-mahmoud)*.» Qourtoubi le mentionna aussi.

Souyouti dit:

Ibn Jarir al-Tabari et Abou al-Cheikh rapporta qu'al-Hassan dit: C'est Mouhammad qui est pour eux un intercesseur au Jour de la Résurrection. Ibn Mardawayh rapporta d'Ali ibn Abi Talib à travers al-Harith et d'Abou Said al-Khoudri à travers Atiyya: C'est Mouhammad ﷺ qui sera en vérité leur intercesseur le Jour de la Résurrection.

L'intercession en aucun cas ne diminue le fait que toute chose soit sous la souveraineté d'Allah. C'est Allah qui créa les causes et les moyens secondaires, et Il a dit: «*Cherchez les moyens d'accéder à Allah*». (5:35). L'intercession est l'une de ces choses et non la moindre. Bien que la déclaration de l'attestation de l'unicité d'Allah et du statut d'envoyé du Prophète ﷺ *(kalima)* apporte à la personne qui la prononce les immenses bénéfices d'être Musulman, l'intercession du Prophète ﷺ est un bénéfice supplémentaire en disant «*Il n'y a pas de dieu sauf Allah (la ilaha illa Allah)*». En fait, son intercession est garantie une fois la *kalima* est prononcée, assurant ainsi le fait que son intercession doit

---

[12] Ibn Kathir mentionna cette dernière explication dans son Tafsir (2 :4-6. 4 :183) aussi bien qu'al-Razi dans le sien.

être prisée, tout au moins, autant que le passeport pour accéder à l'Islam.

L'amour sincère pour le Prophète ﷺ et les pieux est d'un grand bénéfice, comme l'on espère être aimé en retour. Le Prophète ﷺ dit à l'Arabe qui n'avait rien préparé pour l'Heure Finale autre que l'amour pour Allah et Son Prophète ﷺ :

> *Youhchar al-mar' ma`man ahabb*, «On est ressuscité en compagnie de ceux qu'on aime», et les Compagnons qui étaient présents, ayant entendu cette promesse dirent que ce fut le jour où ils furent le plus heureux de leur vie.[13]

Tout ceci implique à compter sur un intercesseur et contredit la déclaration du livre *al-Wara' wal-Bara'* que «compter sur un intermédiaire entre soi et Allah en cherchant l'intercession annule l'Islam».

Demander l'intercession de l'intercesseur, tout comme l'on demande l'invocation (*dou'a*) d'un Musulman pieux, en aucun cas ne suggère que la personne qui demande croit qu'un bien puisse provenir d'autre qu'Allah, mais il utilise le moyen qu'Allah a mis à sa disposition. Refuser de croire que quelqu'un puisse être proche d'Allah que nous est le péché d'Iblis (Satan).

L'Imam Ghazali dit dans un chapitre sur la doctrine dans son *Ihya'* :

---

[13] Rapporté dans Boukhari.

I - Les Preuves de l'Intercession (chafa'a) dans la Doctrine Islamique

Il est obligatoire de croire premièrement en l'intercession des prophètes, ensuite en celle des savants religieux, ensuite en celle des martyres, puis en celle des autres croyants, l'intercession de chacun est proportionnelle à son rang et sa position auprès d'Allah, Le Plus Haut.[14]

---

[14] Al-Ghazali, *Ihya' `ouloum al-din* (le début), trad. Nuh Keller dans *Reliance of the traveller* (`Oumdat al-Salik*).

1. Quel est Le Sens de l'Intercession ?

Un savant contemporain a écrit l'explication suivante de l'intercession[15] :

> L'intercession (*al-chafa`a*) en Arabe est dérivé de *al-chaf* qui signifie «paire» soit l'opposé de l'impair dans la mesure où l'intercesseur appuie l'appel du pétitionnaire par sa propre recommandation; ce faisant, le nombre des plaideurs devient pair, et la faible défense du pétitionnaire est fortifiée par le prestige de l'intercesseur. Nous sommes habitués dans notre vie sociale et communautaire à chercher l'aide et l'intercession des autres pour accomplir nos besoins.
>
> Nous avons recours à elle pour obtenir un avantage ou pour éviter un inconvénient. Ici nous ne parlons pas d'un avantage ou d'un désavantage, d'un gain ou d'un mal qui sont causés par des effets naturels tels que la faim et la soif, la chaleur ou le froid, la maladie et autres; parce que dans de tels cas nous obtenons ce que nous voulons à travers des remèdes naturels comme manger et boire, porter des vêtements, obtenir un traitement et ainsi de suite. Ce dont nous parlons ici est le bien et le mal, la punition et la récompense qui

---

[15] Al-Tabatabai, *al-Mizan*: Une exégèse du Coran, 3èm. Éd. Sourah 3, verset 47-48, vol.1, PP. 221-262.

I - LES PREUVES DE L'INTERCESSION (CHAFA'A) DANS LA DOCTRINE ISLAMIQUE

résultent des lois sociales établies par les autorités civiles.

De par la nature du rapport de maître et serviteur, et de ce fait, entre chaque souverain et sujet, il y a des commandements, des ordres et des interdits; celui qui les suit et les obéit est loué et récompensé tandis que celui qui les désobéit est condamné et puni; cette récompense ou punition peut être matérielle ou spirituelle. Quand un maître ordonne à son serviteur d'exécuter un ordre celui-ci lui obéit, et il obtient sa récompense; alors que s'il désobéit, il est puni. Toutes les fois qu'une règle est établie, la punition pour son infraction est aussi établie. C'est la fondation sur laquelle reposent toutes les autorités.

Quand un homme veut obtenir un avantage matériel ou spirituel alors qu'il n'est pas convenablement qualifié pour l'obtenir ou lorsqu'il désire éviter un mal qui vient à lui à cause de sa désobéissance et qu'il n'a pas de bouclier pour s'en protéger, alors s'impose le moment de l'intercession.

En d'autres termes, quand il veut obtenir une récompense sans faire sa tâche ou se sauver d'une punition sans exécuter son devoir, alors il cherche quelqu'un pour intercéder pour lui. Mais l'intercession n'est seulement effective que si la personne pour qui on intercède est apte à recevoir la récompense et s'il a déjà établi un lien avec l'autorité. Si une personne ignorante désire être nommée à un prestigieux poste académique, aucune intercession ne peut lui être bénéfique, de même qu'elle ne peut pas être profitable dans le cas d'un traître rebelle qui n'a aucun remords pour ses méfaits et qui ne se soumet pas aux autorités. Ceci montre clairement que l'intercession fonctionne comme un supplément à la cause; elle n'est pas une cause indépendante.

L'effet des mots d'un intercesseur dépend d'un ou plusieurs facteurs qui peuvent avoir certaines influences sur l'autorité en question; en d'autres termes, l'intercession doit reposer sur une base solide.

L'intercesseur essaie de trouver un moyen pour adoucir le cœur de l'autorité en question afin que la dite autorité puisse octroyer la récompense ou renoncer à la punition de la personne concernée. Un intercesseur ne demande pas au maître de faire fi de son autorité ni de libérer le serviteur de sa servitude; ni il l'implore de s'abstenir de légiférer des lois et des règlements pour ses serviteurs ou d'abroger ses commandements (de façon générale ou dans ce cas particulier) dans le but de sauver le fauteur des conséquences dues; ni il ne demande qu'il abandonne le principe de la récompense et de la punition, (soit généralement, soit dans ce cas particulier).

En bref, l'intercession ne dois pas s'ingérer dans le rapport maître et sujet ni dans la capacité de l'autorité à légiférer; ni elle ne peut influencer le système de récompense et de punition. Ces trois éléments échappent au pouvoir de juridiction de l'intercession.

Ce que l'intercesseur fait est ceci: Il accepte l'inviolabilité des trois éléments ci-dessus mentionnés. Ensuite il examine un ou plusieurs des facteurs suivants et fonde son intercession sur cette base:

- Il fait l'éloge du maître pour l'inviter au pardon; par exemple, il parle de sa noblesse, sa magnanimité et sa générosité.
- Il attire l'attention sur les caractéristiques du serviteur qui justifient la pitié et le pardon, c'est à dire, sa pauvreté, l'infériorité de son statut et sa misère.
- Il fait usage de son propre prestige et honneur aux devant du maître.

    Donc, la signification de l'intercession est: je ne peux pas et ne dis pas que Vous devriez renoncer à Votre autorité sur Votre serviteur ou que Vous abrogiez Votre commandement ou annuliez le système de récompense et de punition. Ce que je Vous demande est de pardonner ce serviteur fautif qui est le Vôtre parce que vous êtes magnanime et généreux, et parce qu'aucun mal ne Vous attendrait si vous pardonniez ses péchés; et/ou parce que Votre serviteur est une créature misérable et médiocre enveloppée de misère; et il convient à un maître comme Vous d'ignorer les fautes d'un esclave comme lui; et/ou parce que Vous m'avez accordé un haut prestige, et je Vous implore de le pardonner en l'honneur de mon intercession.

L'intercesseur de cette façon insiste sur le pardon et la grâce au détriment de la législation et de la récompense. Il retire le cas de la juridiction du dernier, le mettant sous l'influence du premier. A la suite à ce changement, la législation devient caduque. Le but de l'intercession par conséquent est basé sur le transfert du domaine législatif au pardon et à la grâce; ce n'est pas une confrontation entre une cause (législation divine) et l'autre (intercession).

Maintenant, il devrait être clair que l'intercession est aussi l'une des causes; elle est la cause intermédiaire qui lie une cause lointaine à son effet désiré. Allah est la Cause Ultime. Cette causalité se manifeste de deux manières:

- *Première*, **dans la création**: Toute cause commence avec Lui et se termine avec Lui. Il est la Première et l'ultime Cause. Il est le réel Auteur et Créateur. Toutes les autres causes ne sont purement que des voies d'acheminement de Sa miséricorde sans borne et sa générosité sans limite à Ses créatures.

- *Deuxième*, **dans la législation**: Il a dans Sa Miséricorde, établi un lien avec Ses créatures. Il établit la religion, révéla et institua Ses commandements et prescrivit la récompense convenable et la punition appropriée pour Ses obéissants et désobéissants serviteurs. Il envoya des prophètes et des apôtres pour nous apporter de bonnes nouvelles et nous avertir des conséquences de la transgression. Les prophètes et apôtres nous transmirent son message de la meilleure manière. Ainsi Sa preuve contre nous fut parachevée: «*Et la parole de ton Seigneur s'est accomplie en toute vérité et équité. Nul ne peut modifier Ses paroles*» (6:115).

Les deux aspects de la causalité d'Allah, en fait, concernent l'intercession.

1.2. L'intercession dans la Création

Il est tout à fait évident que les causes intermédiaires de la création sont les chemins qui mènent à la miséricorde Divine, la vie, la subsistance et les autres grâces aux créatures; et en tant que telle, elles sont des intercesseurs entre le Créateur et le créé. Certains versets du Coran sont basés sur ce thème même:

> «A Lui appartient tout ce qui est dans les cieux et sur la terre. Qui donc peut intercéder auprès de lui sans Sa permission?» (2:255); «En vérité votre Seigneur est Allah, qui créa les cieux et la terre en six jours, puis S'est établi sur le Trône, administrant toute chose. Il n'y a d'intercesseur qu'avec Sa permission» (10:3).

L'intercession, dans le domaine de la création, est seulement l'intervention de causes et effets entre le Créateur et la chose créée, la transformant en une force active et régulant ses affaires.

1.3. L'Intercession Dans La Législation.

L'intercession, comme analysée précédemment, est effective aussi dans ce domaine. C'est dans ce contexte qu'Allah dit:

> «Ce jour-là, l'intercession ne profitera qu'à celui auquel Le Très Miséricordieux permettra, et en faveur de qui Il agréera une parole.» (20:109); «L'intercession auprès de Lui ne profite qu'à celui à qui Il autorise» (34:23); «Et combien d'anges dans les cieux? Leur intercession ne met à l'abri de rien, à moins qu'elle n'ait été autorisée et ratifiée par Allah à Son gré...» (53:26); «Ils n'intercèdent que pour ceux qu'Il agréé ...» (21:28); «Et ceux qu'ils invoquent en dehors de Lui n'ont aucun pouvoir d'intercession sauf celui qui témoigne de la vérité et ils connaissent (Lui)» (43:86).

Ces versets font état d'un rôle d'intercesseur pour différents serviteurs d'Allah, au niveau humain comme

I - Les Preuves de l'Intercession (chafa'a) dans la Doctrine Islamique

angélique, avec la permission et l'agrément d'Allah. Cela signifie qu'Allah leur a donné un pouvoir et une autorité dans cette affaire, et à Lui appartient tout le Royaume et toutes les affaires. Ces intercesseurs peuvent faire appel à la miséricorde d'Allah, à Son pardon et autres Attributs appropriés pour couvrir et protéger un serviteur qui autrement aurait mérité une punition à cause de ses péchés et transgressions. Cette intercession transfèrerait son cas de la loi générale de récompense au domaine spécial de grâce et de miséricorde (il a été déjà expliqué que l'effet de l'intercession est basé sur le transfert d'un cas sous la juridiction du premier à celui du dernier; ce n'est pas une confrontation entre une loi et une autre). Allah dit clairement: «...*Ce sont eux dont Allah changera leurs mauvaises actions en bonnes*» (25:70).

Allah a le pouvoir de changer un type d'action en un autre, de la même manière qu'Il peut rendre nulle toute action. D'ailleurs ne dit-Il pas?: «*Nous irons droit à leurs œuvres, et nous les réduirons en poussière*» (25:23); ...«*Ainsi, Il a rendu vaines leurs œuvres (47:9); «Si vous évitez les grands péchés qu'on vous a interdits, nous vous pardonnerons vos péchés.*» (4:31); «*Allah ne pardonne pas qu'on Lui associe quoique ce soit. Hormis cela, Il pardonne à qui Il veut*» (4:48). Le dernier verset cité fait référence à des cas autres que la vraie croyance et le vrai repentir, parce qu'avec la croyance et le repentir, même le polythéisme est pardonné comme tout autre péché. Aussi, Allah peut grossir une petite action en une plus grande que l'originale: «*Ceux-ci recevront une double récompense*» (28:54); «*Celui qui se présentera à Allah avec une bonne action en sera récompensé au décuple*» (6:160).

Similairement, Il peut traiter une action qui n'existe pas comme une qui existe:

«Et pour ceux qui croient et à leur descendance qui les aura suivi dans la foi, nous ferons que leur descendance les rejoigne. Nous ne diminuerons rien de leurs œuvres. Tout homme est tributaire de ses œuvres,» (52:21).

Allah fait ce qui Lui plaît, et décrète comme Il le veut. Bien sûr, Il agit ainsi dans l'intérêt de Son serviteur, en conformité avec une cause intermédiaire, et l'intercession des intercesseurs (c'est à dire les prophètes, les Intimes d'Allah et ceux qui Lui sont très proches) est l'une de ces causes, et certainement elle est ni irréfléchie ni injuste. Il doit être claire maintenant que dans son vrai sens, l'intercession appartient à Allah seul; tous Ses Attributs sont intermédiaires entre Lui et Ses créatures; Il est le Réel Intercesseur Absolu: *«Dis: A Allah l'intercession toute entière»* (39:44); *«... vous n'avez en dehors de Lui ni patron ni intercesseur»* (32:4); *«... Ils n'auront hors de Lui ni patron ni intercesseur»* (6:51). Les intercesseurs autres que Lui n'obtiennent leur droit que par Sa permission et Son autorité. Bref, l'intercession avec Lui est une réalité confirmée dans tous les cas où elle ne va pas à l'encontre de l'honneur et la gloire divine.

I - LES PREUVES DE L'INTERCESSION (CHAFAʿA) DANS LA DOCTRINE ISLAMIQUE

2. Preuves de l'intercession dans le Coran et le hadith

2.1. Définitions Linguistiques

Chafa'a est le nom arabe pour l'intercession ou médiation ou demander pardon à Allah pour quelqu'un d'autre. Le mot est aussi utilisé pour soumettre une pétition auprès d'un roi[16], intercédant pour un débiteur[17] et en procédure judiciaire:

> *Celui dont l'intercession est autorisée y en jouira; celui dont l'intercession n'est pas autorisée, en subira des conséquences. (4:85).*

Celui qui par son intercession annule l'une des *houdoud* d'Allah (lois concernant les transgressions) défie (*tahadda*) Allah[18].

Celui qui intercède est appelé *chafi* et *chafa*.

2.2. La doctrine Islamique de la croyance en l'intercession

Houjjat al-Islam, l'Imam Ghazali dit:

> Il est obligatoire de croire en l'intercession, en premier lieu des prophètes, puis des savants religieux, puis des martyres et les autres croyants, l'intercession de chacun est proportionnelle à son rang et à sa position par rapport à Allah Le Très Haut[19].

---

[16] Voir *Lissan al-arab* sous *chafaa*.
[17] Boukhari, *Istiqrad* ch.18.
[18] Boukhari, *Anbiya* ch.54.
[19] Cf. «*Allah Lui-Même atteste et aussi les anges et les gens de sciences, qu'il n'y a pas de divinité à part Lui*» (3:18); «*Quiconque obéit à Allah et au Messager, ceux-là seront avec ceux qu'Allah a comblé de Ses bienfaits: les*

Tout croyant en enfer sans intercesseur en sera délivré par la faveur d'Allah, aucune personne qui croit n'y restera à jamais, et quiconque avec une foi du poids d'un atome dans son cœur s'en verra finalement délivré.[20]

3. Preuve de l'intercession et de la médiation dans le Coran

Dans le Saint Coran l'intercession est:

- Niée aux mécréants
- Catégoriquement établie comme appartenant à Allah
- Définie plus tard comme généralement permise à d'autres à part Allah par Sa permission
- En plus, spécifiée comme permise aux anges de la part d'Allah en faveur de qui Il décrète
- Attribuée explicitement au Prophète ﷺ de son vivant
- Mentionnée en référence au Prophète ﷺ dans la vie de l'au-delà
- Mentionnée en référence à la généralité des prophètes et des croyants dans l'au-delà

---

prophètes, les saints, les martyrs et les vertueux. Et quelle bonne compagnie que ceux-là!» (4:69).

[20] Al-Ghazali, *Ihya ouloum al-din* (début), trad. de Nuh Keller dans Reliance of the traveller p.824.

I - LES PREUVES DE L'INTERCESSION (CHAFAʿA) DANS LA DOCTRINE ISLAMIQUE

3.1. Le Jour du Jugement

Le Jour du jugement est décrit comme un jour où aucune intercession ne sera acceptée de la part des Enfants d'Israël (2:48) ou des mécréants en général ou des idolâtres (10:18, 74:48):

> *Appréhendez le jour où les âmes ne pourront être d'aucun secours les unes pour les autres, où leur intercession ne sera pas admise. (2:48).*

> *Ô croyant! Dépensez de ce que nous avons octroyé, avant que ne vienne le jour où il n'y aura ni transaction, ni amitié, ni intercession. Les mécréants commettent des actes reprochables. (2:254).*

> *En dehors d'Allah, ils adorent des idoles qui ne peuvent leur profiter ni en bien ni en mal. Ils disent: «Ces idoles, voilà nos intercesseurs auprès d'Allah. (10:18).*

> *Aucune intercession ne leur servira. (74:48).*

3.2. En termes absolus, l'intercession appartient à Allah

> *Ont-ils opté en dehors d'Allah, pour des intercesseurs? Dis: Quoi! Même si ceux-ci ne sont capables de rien? Ni ne comprennent? Dis: L'intercession appartient à Allah. (39:43-44).*

3.3. L'intercession permise à d'autres mais seulement avec Sa permission

Une autre définition de l'expression «l'intercession appartient à Allah» est que l'intercession est permise à d'autres à part Allah mais avec Sa permission:

> *Qui donc peut intercéder auprès de Lui sans Sa permission? (2:255).*

> *Aucune intercession n'est possible auprès de Lui, sans son assentiment. (10:3).*

> *Ils ne sont point maître d'intercession sauf celui qui aura fait un pacte avec le Très Miséricordieux. (19:87).*

> *Et ceux qu'ils invoquent en dehors de Lui ne sont pas maîtres d'intercession. Sauf celui qui témoigne de la vérité – car ils savent... (43:86).*

3.4. L'intercession permise aux anges

Les anges ont la permission d'intercéder pour quiconque Allah veut, spécialement parmi les croyants:

> *Et ils disent: « Le Très Miséricordieux a adopté des enfants »... pureté à Lui! Non mais ceux-là sont de nobles esclaves qui ne Le devancent pas par la parole, tandis qu'ils agissent à Son commandement. Il sait, Lui, ce qui est devant eux et ce qui est derrière eux. Et ils n'intercèdent qu'en faveur de qui Lui plaît, tandis que qu'ils Le craignent. (21:26-28).*

I - LES PREUVES DE L'INTERCESSION (CHAFA'A) DANS LA DOCTRINE ISLAMIQUE

Ceux qui portent le Trône et l'entourent ... implorent le pardon pour tous les croyants. (40:7).

...Les anges célèbrent les louanges de leur Maître et implorent Son pardon pour les habitants de la terre. (42:5).

3.5. L'intercession du Prophète ﷺ de son vivant est explicitement et fréquemment établie.

L'intercession du Prophète ﷺ de son vivant est explicitement et fréquemment citée dans le Coran:

... Pardonne-leur, implore le pardon d'Allah pour eux et consulte-les dans les décisions à prendre ... (3:159).

... Si ces gens, qui ont été volontairement iniques, reviennent à toi et implorent le pardon d'Allah, en recourant à ton intercession, ils trouveront en Allah clémence et Miséricorde. (4:64).

Et implore d'Allah pardon pour les autres. Allah demeure Pardonneur, Miséricordieux vraiment. Et ne plaide pas en faveur de ceux qui se trahissent eux-mêmes. Allah, vraiment, n'aime pas celui qui demeure grand traître, pécheur. (4:106-107).

Allah ne saurait les punir alors que tu es parmi eux. De même qu'Il ne saurait les punir pendant qu'ils implorent son pardon. (8:33).

Que tu implores leur pardon (les hypocrites) auprès d'Allah ou non, peu importe! Tu auras beau l'implorer soixante-dix fois mais Allah ne leur pardonnera pas... Si l'un d'entre eux meurt, ne prie jamais pour lui et ne visite jamais sa tombe. (9:80,84).

Prie pour eux, car ta prière est un soulagement pour eux. (9:103).

Il ne sied pas au Prophète et aux croyants d'implorer le pardon d'Allah en faveur des idolâtres, fussent-ils leurs parents, lorsqu'ils les savent voués à l'enfer. (9:113).

S'ils te demandent congé pour une affaire personnelle, accorde-le à qui tu voudras. Implore pour eux le pardon d'Allah. (24:62).

Sache qu'il n'y a de dieu qu'Allah. Implore le pardon de ton péché ainsi que pour les croyants et les croyantes. (47:19).

Reçois leur allégeance et implore d'Allah le pardon pour elles. (60:12).

Lorsqu'on leur dit: «Venez, l'envoyé d'Allah implorera pardon pour vous», ils hochent la tête et s'éloignent, plein d'orgueil. Peu importe que tu implores ou non le pardon d'Allah pour eux! Allah ne leur pardonnera pas car Allah ne guide pas les pervers. (63:5-6).

3.6. L'intercession et la médiation du Prophète ﷺ au Jour du Jugement

L'intercession et la médiation du Prophète ﷺ le Jour du Jugement a été établi par le consensus des savants (*ijma*) et est un article de croyance en Islam comme mentionné précédemment. L'hérésie *Moutazili* la rejette, car ils soutiennent que la personne qui entre dans le feu y restera à jamais. Le consensus des savants est basé sur le principe de la permission [voir les versets (2:255), 10:3), (19:87), (43:86)], sur les versets pertinents dans la présente section, et sur les hadiths supplémentaires plus explicites cités dans les lignes qui suivront:

> *Il se peut que ton Seigneur te ressuscite en une posture de gloire. (17:79).*
>
> *Et certes ton Seigneur va t'accorder, puis tu seras content. (93:5).*

3.7. L'intercession des prophètes en général.

L'intercession de la généralité des prophètes, aussi bien que celle des croyants, a été similairement établie par les versets des sections **3.3.** et **3.5.** ci-dessus, c'est-à-dire basée sur la permission, et aussi sur le fait que les prophètes ont pris un engagement de leur Seigneur (33:7,3:81) et témoignent sciemment de la vérité. Cela s'avère aussi vraie pour l'élite des croyants: *Allah, les anges et les hommes de science* (3:18). Il y a aussi les versets suivants concernant l'intercession des prophètes de leur vivant:

> *Ô notre père! Lui dirent-ils, demande à Allah de pardonner nos péchés. Car nous sommes vraiment coupables de péchés. J'implorerai le pardon d'Allah pour vous. Pour vous Il est le Pardonneur, le Miséricordieux. (12:97-98).*

Paix sur toi dit Abraham, je vais implorer pardon pour toi de mon Seigneur. (19:47).

Néanmoins, Abraham concéda à son père: «J'implorerai le pardon pour toi mais sans rien te garantir de Sa par ». (60:4).

Il y a aussi les versets suivants concernant l'intercession des croyants de leur vivant:

Il ne sied pas au Prophète et aux croyants d'implorer le pardon d'Allah en faveur des idolâtres, fussent-ils leurs proches, lorsqu'ils les savent voués à l'enfer. (9:113).

Ceux qui sont venus après eux disent: « Seigneur, Pardonne-nous et pardonne à nos frères, qui nous ont précédé dans la foi ». (59:10).

4. Preuve de l'intercession et de la médiation dans le hadith

Dans le hadith, le pouvoir d'intercession est accentué comme étant attribué:

- Au Prophète ﷺ à l'exclusion des autres prophètes
- A des membres spéciaux de la Communauté du Prophète ﷺ tels que les saints et les savants
- Aux communs des croyants de la Communauté du Prophète ﷺ.

I - Les Preuves de l'Intercession (chafaʿa) dans la Doctrine Islamique

4.1. L'intercession du Prophète ﷺ

4.1. a. De son vivant pour ceux qui sont morts

- Mouslim (*janaiz*): Abou Hourayra rapporte qu'une femme de teint noir ou un jeune homme avait l'habitude de balayer la mosquée. Lorsque cette personne mourut, personne n'informa le Prophète ﷺ jusqu'à ce qu'il se renseigna à son sujet et alla prier sur sa tombe. Il fit la remarque: «En vérité ces tombes sont pleines d'obscurité pour leurs habitants. En vérité, Allah, Puissant et Glorieux illumine les occupants à cause de ma prière pour eux.»
- Mouslim (janaiz): Awf ibn Malik dit qu'après qu'il eut entendu la teneur de la prière du Prophète ﷺ sur un corps, il désira ardemment que ce mort fût lui.
- Mouslim (janaiz): Mouhammad ibn Qays rapporte d'après Aïcha que chaque nuit que le Prophète ﷺ passait avec elle, il avait l'habitude de s'habiller discrètement et sortir en fin de nuit, et une fois, elle le suivit silencieusement jusqu'à ce qu'il arriva à Baqi [le cimetière des croyants] où il pria pour les morts. Plus tard, il lui dit que Gabriel était venu lui dire: «Ton Seigneur t'a ordonné d'aller aux habitants de Baqi et de demander pardon pour eux.»

Ce sujet est aussi abordé dans plusieurs hadiths authentiques relatifs à la prière du Prophète ﷺ et son *takbir* à proximité des tombeaux des croyants.

4.1.b. Dans l'au-delà

- Al-Daraqoutni, al-Doulabi, al-Bayhaqi, Khatib al-Baghdadi, al-Ouqayli, Ibn Adi, Tabarani, et Ibn Khouzayma dans son *Sahih*, tous à travers des chaînes variées remontant à Moussa ibn Hilal al-Abdi, d'Oubayd Allah Ibn Oumar, tous les deux de Nafi et d'Ibn Oumar: «Quiconque visite ma tombe, mon intercession lui sera garantie.»

Ibn Hajar al-Hataymi dit dans son commentaire sur *al-Idah fi manassik al-hajj* de Nawawi:

> Ibn Khouzayma le rapporta dans son *Sahih* mais fit allusion à sa faiblesse. Ibn al-Kharrat et Taqi al-Soubki l'ont jugé authentique (*sahih*). Daraqoutni et Tabarani le rapportent aussi avec les mêmes termes: «Quiconque me visite avec la seule intention de rendre visite, il m'incombe d'être son intercesseur le jour du Jugement.» Une version dit: «C'est un devoir pour moi vis-à-vis d'Allah d'être son intercesseur le Jour du Jugement.» Ibn al-Soubki l'a déclaré authentique.

Quoique jugeant toutes les chaînes de ce hadith imparfaites (*layyina*), Dhahabi malgré tout dit qu'elles se renforcent les unes les autres et déclare la chaîne *jayyid* (bonne); en d'autres termes, le hadith est *hassan*.[21] Sakhawi le confirme dans les *Maqassid al-hassana*, pendant que Soubki le déclare *Sahih* dans *Shifa al-siqam*[22], comme le fit Samhoudi

---

[21] Dhahabi, *Mizan al-itidal* (4:226).
[22] Al-Soubki, *Shifa al-siqam* p.12-13.

I - LES PREUVES DE L'INTERCESSION (CHAFA'A) DANS LA DOCTRINE ISLAMIQUE

dans *Saadat al-darayn*[23]. L'Imam Loucknawi dit: «Et ceci [c'est à dire le fait de le déclarer authentique] jusqu'aujourd'hui est la pratique des gens qui ont maîtrisé cette science.»[24]

Dhahabi dit au sujet de Moussa Ibn Hilal: «Il est assez bon dans ses narrations (*houwa salih al-hadith*).»[25] Ibn Adi dit: «Il (Moussa ibn Hilal) est sûrement acceptable; d'autre gens l'ont qualifié d'inconnu (*majhoul*) et ceci n'est pas vrai. Il est l'un des cheikhs de l'Imam Ahmad et la plupart d'eux sont dignes de confiance».[26] Loucknawi dit: «Le dire d'Abou Hatim [al-Razi] que Moussa ibn Hilal est inconnu est rejeté parce qu'il est établi que ceux qui sont dignes de confiance ont rapporté des hadiths de lui».[27]

Même Albani le déclara *thabit al-riwaya* (dont la source est établie) dans son *Irwa* (4:338).

Dhahabi qualifie Oubay Allah ibn Oumar al-Oumari de «Véridique, qui émane de bonnes narrations (*sadouq hassan al-hadith*).»[28] Sakhawi dit de lui: «Ses narrations sont assez bonnes (*salih al-hadith*)[29].» Ibn Main dit à Darimi à son sujet: «Assez bon et digne de confiance (*salih thiqa*)».[30]

Al-Loucknawi dit aussi au sujet de ce hadith dans son livre: «Il y a certains qui le déclarent faible, et d'autres affirment que tous les hadiths sur la visite du Prophète ﷺ sont forgés tels qu'Ibn Taymiyya et ses disciples, mais les

---

[23] Samhoudi, *Saadat al-darayn* 1:77.
[24] Loucknawi, *al-Ajwiba al-fadily* p.155.
[25] Dhahabi, *Mizan* (3:220).
[26] Ibn Adi, *al-Kamil fi al-douafa* (6:2350).
[27] Loucknawi, *al-Raf wal-takmil* p.248-249.
[28] Dhahabi, *al-Moughni* (1:348).
[29] Sakhawi, *al-Touhfa al-latifa* (3:366).
[30] Ibn Main, *al-Kamil* (4:1459).

deux positions sont fausses pour ceux qui sont dotés de bonne compréhension car l'analyse de la situation indique que le hadith est *hassan*, comme Taqi al-Din al-Soubki l'a exposé dans son livre *Shifa al-siqam fi ziyarat khayr al-anam*».[31]

Parmi ceux qui tombent dans la catégorie «d'Ibn Taymiyya et de ses disciples» sur ce chapitre sont les suivants:

- Ibn Abd al-Hadi qui écrivit *al-Sarim al-mounki* dans une tentative de refus du livre *Shifa al-siqam* de Soubki sur le grand mérite de visiter le Prophète ﷺ;
- L'auteur « Salafi » Bin Baz qui dit: «Les hadiths qui concernent le mérite de visiter la tombe du Prophète ﷺ sont tous faibles, forgés en vérité (*koullouha daifa bal mawdoua*)».[32]
- Nassir al-Din Albani, revendique que la visite de la tombe du Prophète ﷺ se classe parmi les innovations.[33]
- Nassir al-Jadya, qui en 1993 obtint son Ph.D. avec la mention honorable de l'Université de Mouhammad ibn Saud après avoir rédigé un livre de 600 pages intitulé *al-tabarrouk* dans lequel il perpétue la même fausseté.[34]

On trouve les livres de ce genre édités et largement distribués, tandis que les livres classiques de l'Islam

---

[31] Al-Soubki, *Zafr al-amani* p.422.
[32] Bin Baz dans l'édition de 1993 de *Fath al-bari* (3:387).
[33] Nassir al-Din Albani, *Talkhis ankam al-janazi* p.110 et ailleurs dans ses écrits.
[34] Nassir al-Jadya, *al-Tabarrouk* p.322.

I - LES PREUVES DE L'INTERCESSION (CHAFA'A) DANS LA DOCTRINE ISLAMIQUE

traditionnel sont délibérément ignorés et rendus indisponibles aux Musulmans en général.

Malgré la revendication des Wahhabis et «Salafis», le hadith «Quiconque visite ma tombe est assuré de mon intercession» est l'une des preuves textuelles citée par les savants religieux (*oulama*) de l'Islam pour démontrer l'obligation ou la recommandation de visiter la tombe du Prophète ﷺ et le considérant comme un intermédiaire/moyen (*wasila*), comme cela sera vu dans les lignes qui vont suivre, dans le chapitre sur la visite de la tombe du Prophète ﷺ. Sakhawi dit:

> L'accent et l'encouragement à la visite de sa tombe est mentionné dans plusieurs hadiths, et cela aurait été amplement suffisant à prouver si n'était que possible le hadith par lequel le véridique et le Prophète ﷺ confirmé par Dieu promet que son intercession parmi autres choses devient obligatoire pour quiconque le visite, et les Imams sont en accord total depuis la période immédiate qui a suivi son décès jusqu'à notre temps que ceci [c'est à dire le visiter] compte parmi les meilleures actions pour s'approcher d'Allah.[35]

Il y a aussi:

- Mouslim:

    «Quiconque répète les mots du muezzin, mon intercession lui est garantie».

- Tirmidhi (*hassan gharib*) et Ibn Hibban:

---

[35] Sakhawi, *al-Qawl al-badi* p.160.

«Ceux qui sont très proches de moi dans l'au-delà sont ceux qui font plus de bénédictions sur moi (dans ce monde)».

- Rapporté par Tirmidhi:

    Le Prophète ﷺ dit, «Mon intercession est pour ceux de ma communauté qui commettent les péchés majeurs.» Rapporté par Tirmidhi (*hassan sahih gharib*), Abou Dawoud, Ibn Majah, Ahmad, Ibn Hibban dans son *Sahih*, et Abd al-Haqq Ibn al-Kharrat al-Ishbili cité dans *Kitab al-aqiba*. Ibn Hajar dans *Fath al-bari* spécifie le sens suivant de ce hadith: «Il n'a pas restreint cela à ceux qui se repentent».[36]

- Dans Boukhari:

    de la part d'Imran ibn Houssayn, par lequel le Prophète ﷺ dit: «Un peuple sortira du feu par l'intercession de Mouhammad et entrera au paradis. Ils seront appelés les *jahannamiyyoun* (les gens du feu)».

- Dans le Sahih de Mouslim:

    Abdoullah ibn Amr ibn al-As rapporta que le Prophète ﷺ récita la prière d'Abraham: «Seigneur, elles (les idoles) ont égaré de nombreuses créatures. Quiconque me suit alors il est des miens. Celui qui me désobéit...Seigneur, Tu es pardonneur et Miséricordieux». (14:36) Ensuite, il récita ce que dit Jésus: «Si Tu les châties, ce sont Tes sujets.

---

[36] Sakhawi, *al-Qawl al-badi* p.160.

I - LES PREUVES DE L'INTERCESSION (CHAFAʿA) DANS LA DOCTRINE ISLAMIQUE

Si Tu les pardonnes, Tu es Auguste et Sage.» (5:118). Puis il leva ses mains et dit: « Ma Communauté, ma Communauté! Et il pleura. Allah dit: «Ô Gabriel! Va à Mouhammad et demande-lui ce qui le fait pleurer». Lorsque Gabriel vint et lui demanda, il lui répondit, après quoi Gabriel retourna et le rapporta à Allah – Qui sait mieux que lui – et Il dit: «Ô Gabriel! Va à Mouhammad et dit lui: «Nous te satisferons au sujet de ta Communauté, et nous ne te mécontenterons pas».[37]

- Tirmidhi (*hassan sahih*) et Ibn Majah:

    Abou ibn Kab rapporta que le Prophète ﷺ dit: «Le Jour du Jugement, je serai le leader des prophètes et leur porte-parole et le garant de leur intercession, et je dis cela sans orgueil».[38]

- Tirmidhi (*hassan gharib*):

    De la part d'Anas, similaire au précédant mais s'appliquant à tout le monde, non seulement aux prophètes.

- Tirmidhi (*hassan gharib sahih*):

    Abou Hourayra rapporte que le Prophète ﷺ dit: «Je me tiendrai arrêté devant mon Seigneur, Glorieux et Puissant, et je serai orné avec un vêtement des vêtements du Paradis, après cela je me tiendrai arrêté à la droite du Trône où aucune créature sauf moi se tiendra».

---

[37] Une référence à 93:5.
[38] Une référence à 4:41.

- Tirmidhi (*gharib*): Ibn Abbas rapporte:

  Des proches du Prophète ﷺ vinrent et l'attendaient. Lorsqu'il sortit, il les approcha et les entendit dire: «Quelle merveille qu'Allah Tout-puissant et Glorieux a pris une de Ses créatures comme Son Ami intime – Abraham ﷺ» – pendant qu'un autre s'interrogea: «Qu'est ce qui est plus merveilleux que Sa parole à Moïse ﷺ auquel Il parla directement!» Encore un autre dit: «Et Jésus ﷺ est la parole d'Allah et Son esprit» tandis qu'un autre dit: «Adam ﷺ fut choisi par Allah». Le Prophète ﷺ dit: «J'ai entendu votre conversation, et tout ce que vous avez dit est vrai. Moi même, je suis le Bien-aimé (*Habib Allah*). Je dis cela sans orgueil. Je tiens l'étendard de la gloire le Jour du Jugement, je suis le premier intercesseur, le premier dont l'intercession est approuvée, le premier à faire la ronde des portes du paradis afin qu'Allah l'ouvre pour moi. J'y entrerai avec les pauvres de ma Communauté. Je dis cela sans orgueil. Je suis le plus honoré, du premier au dernier, et je dis cela sans orgueil.

- Boukhari et Mouslim:

  Jabir rapporta que le Prophète ﷺ dit: «J'ai reçu cinq choses qui n'ont été données à aucun prophète avant moi:

  1. J'ai été fait victorieux sur mes ennemis par la frayeur dans leur cœur.
  2. J'ai été autorisé à user du butin de guerre.

I - LES PREUVES DE L'INTERCESSION (CHAFA'A) DANS LA DOCTRINE ISLAMIQUE

3. La planète entière a été faite une place de prosternation pour moi et son sol rituellement pur de telle sorte que lorsqu'il est temps de prier pour quiconque de ma Communauté, qu'il y prie par conséquent.
4. La Chafaa (intercession/médiation) auprès d'Allah m'a été donnée.
5. Tout prophète ﷺ fut envoyé à son peuple en particulier, et j'ai été envoyé à tous les peuples.

- Tirmidhi (*hassan*), Ibn Majah:

    Abou Said al-Khoudri rapporta que le Prophète ﷺ dit: «Je suis le leader des êtres humains et je dis ceci sans orgueil. Je suis le premier que la terre va libérer lorsqu'elle va se fendre, et le premier intercesseur, et le premier dont l'intercession sera acceptée. Je tiens la bannière de gloire dans ma main, et sous elle vient Adam et tout le monde».

- Boukhari et Mouslim:

    Anas et Abou Hourayra rapportent respectivement que le Prophète ﷺ dit, «Chaque prophète a une requête qui a été acceptée, et je veux réserver ma requête d'intercession pour ma communauté au Jour du Jugement».

- Ahmad et Tabarani (*hassan*):

    Bourayda rapporte que le Prophète ﷺ dit: «En vérité, j'intercèderai le Jour du Jugement pour

plus de gens qu'il n'y a de pierres et de mottes de boue sur la terre».
- Boukhari et Mouslim:

    «Abou Hourayra rapporte un long hadith dans lequel le Prophète ﷺ intercède et son intercession sera acceptée lorsque tous les autres prophètes seront sans pouvoir d'intercéder».

    Dans la version d'al-Hassan dans Boukhari :

    le Prophète ﷺ intercède et son intercession est acceptée quatre fois:
    - Pour ceux qui ont un grain de foi dans leur cœur.
    - Pour ceux qui ont un grain de moutarde de foi dans leur cœur.
    - Pour ceux qui ont moins que cela de foi dans leur cœur.
    - Pour ceux qui ont dit même une seule fois: «Il n'y a pas de dieu autre qu'Allah (*la ilaha illallah*)».

4.2. L'intercession des membres spéciaux de la communauté du Prophète ﷺ

4.2.a. De leur vivant pour ceux qui sont en vie

Boukhari [*istisqa*]: Anas rapporte:

Quand la sécheresse les menaçait, Oumar ibn al-Khattab avait l'habitude de demander la pluie à Allah à travers la médiation d'al-Abbas ibn `Abd al-Mouttalib. Il [Oumar] disait: «Ô

Allah! Nous avions l'habitude de te demander au moyen de notre Prophète ﷺ et Tu nous bénissais avec la pluie, et maintenant nous te demandons au moyen de l'oncle de notre Prophète ﷺ, alors bénis-nous avec la pluie». Et il pleuvait.

4.2.b. Dans l'au-delà

Tirmidhi (*hassan*), Ibn Majah, et al-Hakim:

Abou Oumama rapporta que le Prophète ﷺ dit: «Plus d'hommes qu'il n'y a de gens dans la tribu de Rabia et Moudar entreront au paradis à travers l'intercession d'un certain homme», et que les aînés considéraient qu'il s'agissait d'Outhman ibn Affan.

Tirmidhi (*hassan sahih*), Ibn Majah, et al-Hakim (*sahih*):

Abou Abi al-Jada rapporta que le Prophète ﷺ dit: «Plus d'hommes entrerons au paradis à travers l'intercession d'un homme qu'il n'y a de gens dans la tribu de Banou Tamim.» Ils lui demandèrent: «Autre que toi?» Il dit: «Autre que moi», et il fut dit qu'il s'agissait d'Ouways al-Qarani.

4.3. L'intercession du commun des croyants dans la communauté du Prophète ﷺ

4.3.a. De leur vivant pour ceux qui sont morts

- Mouslim (*janaiz*):

Aïcha rapporte que le Prophète ﷺ disait: «Si un groupe de Musulmans au nombre de cent prient sur un corps, tous intercédant pour lui, leur intercession pour lui sera acceptée.»

- Mouslim (*janaiz*):

    Ibn Abbas dit: «J'ai entendu le Prophète ﷺ dire: «Si un Musulman meurt et quarante hommes qui n'associent rien à Allah se tiennent debout en prière sur son corps, Allah les acceptera comme intercesseurs pour lui».

- Abou Dawoud:

    Rapporté par Abou Hourayra: Ali ibn Shammakh dit: J'étais présent avec Marwan qui demanda Abou Hourayra: «As-tu entendu comment le Prophète ﷺ priait sur le mort?... Abou Hourayra dit: «Ô Allah! Tu es son Seigneur. Tu l'a crée, Tu l'a guidé à l'Islam, Tu as pris son âme, et Tu sais mieux sa nature interne et son aspect extérieur. Nous sommes venus comme intercesseurs, ainsi donc pardonne-lui».[39]

- Ahmad[40] et les autres:

    Dans plusieurs hadiths, le nombre d'intercesseurs acceptables dans la prière funèbre est réduit à trois rangées d'hommes, même si le nombre est moins de quarante.

---

[39] Abou Dawoud, Livre 20, N°3194.
[40] Livre 4, N°79-100.

I - LES PREUVES DE L'INTERCESSION (CHAFA'A) DANS LA DOCTRINE ISLAMIQUE

Nawawi dit que les savants d'*Ousoul al-fiqh* citent aussi ces hadiths comme preuve.

4.3.b. Dans l'au-delà

- Tirmidhi (*hassan*), al-Bazzar:

    Abou Said al-Koudri et Anas rapportent respectivement que le Prophète ﷺ dit un jour, «Il sera dit à quelqu'un, «Un tel, lève-toi, et intercède, et il se lèvera et intercédera pour sa tribu et sa famille et pour un homme ou deux hommes ou plus selon ses actions».

- La prière (*dou'a*) qui est récitée dans la prière funèbre d'un non adulte: «Ô Allah! Fait de lui/elle notre précurseur, et fait de lui une récompense et un trésor pour nous, fait de lui un intercesseur (*chafian*) et dont l'intercession est acceptée (*mouchaffaan*».

    Dans cette prière (*doua*), le croyant demande clairement l'intercession d'une personne qui est décédée; en réalité, nous demandons l'intercession d'un enfant qui n'a fait aucune œuvre dans ce monde. Une version qui mentionne spécifiquement l'intercession est dans les *Adhkar*[41] de Nawawi.

    En fait, toute prière *janaza* contient une demande d'intercession du défunt dans la phrase *wa la tahrimna ajrahou* qui veut dire «et ne nous prive pas de sa récompense».

    Boukhari rapporta:

---

[41] Dans le chapitre des prières pour les morts traduit dans *Reliance of the traveller* de Nuh Keller dans la section sur les Funérailles.

Le Prophète ﷺ avait dit: «Celui dont trois enfants meurent avant l'âge de la puberté, ils le protégerons du feu de l'enfer, ou le feront entrer au paradis».

4.4. Vue d'ensemble de la scène d'intercession au jour dernier

Les lignes suivantes sont tirées du livre *Le Salut de l'âme et les Dévotions Islamiques* du Dr Mouhammad Aboul Quassem:

> Le Salut dans la croyance Islamique sous-entend l'intercession qui aura lieu en deux phases: Au Jour du Jugement et après l'entrée des pécheurs dans l'enfer.
>
> Au Jour du Jugement, elle aura lieu premièrement avant l'interrogatoire divin; c'est le Prophète ﷺ Mouhammad qui intercèdera en premier lieu pour le pardon de sa communauté. Acceptant cette intercession, Allah lui donnera la permission de faire entrer au paradis par son entrée droite (*al-bab al-ayman*) construite spécialement pour eux, tous ces gens de sa communauté qui y ont droit sans rendre compte de leurs actions.[42]
>
> Ensuite, à l'examen des actions dans la balance, le verdict de la condamnation sera prononcé sur nombreux groupes de croyants qui ont commis des péchés majeurs. Des intercesseurs,

---

[42] Boukhari, *Tafsir* 17:5; Mouslim, *zouhd* 14; Tirmidhi, *qiyama* 10; Ahmad 2:436.

I - LES PREUVES DE L'INTERCESSION (CHAFA'A) DANS LA DOCTRINE ISLAMIQUE

y compris tous les prophètes, intercéderont pour le pardon de plusieurs d'entre eux. Le Prophète ﷺ dit: «Mon intercession est pour ces gens de ma communauté qui commettent des péchés majeurs[43]». Allah, par Miséricorde acceptera... et sauvera un large nombre de pécheurs. Ce genre de salut sous-entend l'absence de la damnation.

La seconde étape de l'intercession intervient une fois les pécheurs carbonisés à cause de la constante brûlure en enfer pendant longtemps[44]. Lorsqu'ils seront en train de souffrir ainsi, les intercesseurs prieront Allah pour sauver plusieurs d'entre eux. C'est le salut après la damnation.

Qui intercédera dans l'au-delà? Non seulement les anges et tous les prophètes, mais ces croyants qui ont un haut prestige auprès d'Allah tels que les saints, les soufis, les savants religieux, et autres hommes [et femmes] pieux seront capables d'intercéder pour d'autres[45].

Qu'Allah répande ses bénédictions et paix sur l'Intercesseur Rapproché, notre Maître

---

[43] Tirmidhi, *qiyama* 11; Abou Dawoud, sounna 31; Ibn Majah, *zouhd* 37; Ahmad 3:79.

[44] Mouslim, iman 306; Boukhari, riqaq 56; Ibn Majah, zouhd 37; Ahmad 3:79.

[45] Mouhammad Aboul Quassem, Salvation of the Soul and Islamic Devotions (Kegan Paul International 1981) p.44.

Mouhammad, sur sa Famille et Ses Compagnons, et qu'Il nous accorde l'Intercession de Son Prophète ﷺ le Jour des Comptes.

II. La Recherche des moyens d'accès à Allah (*Tawassoul*) à travers le Prophète ﷺ

Le *Tawassoul* à travers le Prophète ﷺ est requis eu égard à son statut de premier intercesseur de la communauté auprès d'Allah. C'est une condition de l'obtention de la bénédiction d'Allah sciemment octroyé par Allah par le truchement de Son Prophète ﷺ et Ses saints et non obtenue du Prophète ﷺ et des saints comme le prétendent faussement ceux qui sont opposés au *Tawassoul*. Allah a dit au sujet de Son Saint Prophète ﷺ:

> *Il est compatissant à vos peines. Il est toute bonté et clémence envers les croyants. (9 :128).*

> *Si lorsqu'ils se sont manqués à eux-mêmes, ils venaient à toi et demandaient pardon à Allah et que le Messager demandât pardon pour eux, certes ils trouveraient Allah très accueillant au repentir, Miséricordieux. (4:64).*

> *Et s'Ils patientaient jusqu'à ce que tu sortes à eux, certes ce serait mieux pour eux. Et Allah est Pardonneur, Miséricordieux. (49:5).*

> *Si vraiment ils agréaient ce que donnaient Allah et Son Messager et disaient: «Allah est notre suffisance! Allah de par Sa grâce, va nous donner. Son Messager aussi. Oui, vers Allah vont nos espérances!..» (9:59).*

> *Ils jurent par Allah pour vous faire plaisir. Mais c'est plus méritoire qu'ils fassent plaisir à Allah et à Son Messager s'ils sont croyants. (9:62).*

Allah a mentionné tout ceci au sujet du Prophète ﷺ parce que c'est à travers Son Prophète ﷺ que Lui-même a montré Sa plus grande miséricorde et Son plus grand pardon, et c'est en venant au Prophète ﷺ que les croyants cherchent à obtenir ces faveurs d'Allah. Ceci est une preuve claire qui reste vraie aujourd'hui comme il le fut auparavant, que l'intervention du Prophète ﷺ peut être sollicitée pour obtenir le pardon d'Allah. Le premier hadith que l'Imam Ahmad rapporta d'Anas ibn Malik dans son *Mousnad* est: «La communauté entière des gens de Médine avait l'habitude de prendre la main du Prophète ﷺ et y avaient recours pour leurs besoins pressants[46]».

Le *moufti* de la Mècque au temps de la propagation de l'hérésie Wahhabi, al-Sayyid Ahmad Ibn Zayni Dahlan (d.1304) dit dans *Khoulassat al-kalam*:

> *Tawassoul* (user d'un moyen), *tachaffou* (user de l'intercession), *istighatha* (demander de l'aide) ont tous le même sens, et le seul sens à travers les cœurs des croyants est celui de *tabarrouk* (rechercher des bénédictions) avec la mention des bien-aimés d'Allah dans la mesure où il est établi qu'Il accorde Sa grâce à tous Ses Serviteurs par amour de Ses bien-aimés, et ceci est le cas qu'ils soient en vie ou qu'ils soient décédés parce que dans tous les cas, l'agent réel

---

[46] Ahmad, *Mousnad* 3:98 (#11947).

II. LA RECHERCHE DES MOYENS D'ACCES A ALLAH (TAWASSOUL) A TRAVERS LE PROPHETE ﷺ

agissant et le vrai exécuteur est Allah Lui-même, et ces bien-aimés ne sont seulement que des causes secondaires de Sa Miséricorde. Comme toutes autres causes secondaires, ils n'ont aucune influence par eux-mêmes[47].

Les premiers Imams et ceux des temps derniers de la Communauté ont dit clairement et explicitement que le *tawassoul* à travers le Prophète ﷺ est hautement désirable et recommandé pour chaque personne. Les lignes suivantes en sont en effet quelques exemples de confirmation.

L'Imam Malik fut interrogé de la manière suivante par le Calife Abou Jafar al-Mansour:

> «Dois-je faire face à la *qibla*, tournant mon dos à la tombe du Messager d'Allah lorsque faisant mes supplications (après le *salam*)?» Il répondit: «Comment peux-tu détourner ta face de lui alors qu'il est le moyen (*wassila*) de ton pardon et de celui de ton père Adam ﷺ venant d'Allah au Jour du Jugement? Non, fais-lui face et demande son intercession (*istachfi bihi*) afin qu'Allah te l'accorde comme Il a dit: «*Si lorsqu'ils se sont manqués à eux-mêmes, ils venaient à toi et demandaient pardon à Allah et que le Messager demandât pardon pour eux, certes ils trouveraient Allah très accueillant au repentir, Miséricordieux*». (4:64).

---

[47] Ahmad Zayni Dahlan, *Khoulassat al-kalam fi oumara al-balad al-haram* (Résumé concernant les leaders du pays sacro-saint) 2:245.

Ce récit est cité par al-Qadi Iyad avec une authentique (*sahih*) chaîne, aussi par Samhoudi, Soubki, Qastallani, Ibn Jamaa et Haytami. Ibn Jamaa dit dans *Hidayat al-salik* (3:1381): «Le récit rapporté par les deux *hafiz*, Ibn Bachkouwal et al-Qadi Iyad dans *al-Chifa* après lui, et aucune attention n'est prêtée aux mots de ceux qui, sur la base de leurs vains désirs, affirment que c'est purement inventé[48]».

L'expression «Il est le moyen (*wassila*) de ton pardon et de celui de ton père Adam ﷺ» est confirmée par des versets où le Prophète ﷺ est pris à témoin sur toutes les communautés et leurs gens y compris leurs prophètes:

> Et *c'est ainsi que Nous avons fait de vous une communauté de juste milieu, pour que vous soyez témoin contre les gens, et le Messager, témoin contre vous. Et nous n'avons fait l'orientation à quoi tu te tenais rien que pour savoir qui suit le Messager et qui se détourne de la foi. Est-ce si exorbitant? Pas pour ceux qu'Allah guide. Car ce n'est pas Allah qui fera que votre foi se perde! Allah est doux avec les gens, vraiment, Miséricordieux!* (2:143)[49].

---

[48] Cité par al-Qadi Iyad dans *al-Chifa* (2:92-93) avec une chaîne authentique (*sahih*), et cité aussi par Samhoudi dans *Khoulassat al-wafa*, Soubki dans *Chifa al-siqam*, Qastallani dans *al-Mawahib al-ladouniyya*, Ibn Jamaa dans *Hadayat al-salik*, et Haytami dans *al-Jawhar al-mounazzam* et *Touhfat al-zouwwar*. Voir aussi Ibn Abd al-Hadi dans *al-Sarim al-mounki* p.244 et *Hidayat al-salik* d'Ibn Jamaa (3:1381).

[49] Traduction en Français de la version Anglaise de Yusuf Ali.

II. La Recherche des moyens d'acces a Allah (Tawassoul) a travers le Prophete ﷺ

> *Et quand Allah prit des Prophètes, l'engagement – «Chaque fois que Je vous donnerai du livre et de la sagesse, et qu'ensuite un messager vous viendra confirmant ce que vous avez déjà, vous devrez y croire, certes, et vous devrez certes lui porter secours»; -- Il dit: «Acceptez-vous? Et endossez-vous Ma charge?» -- «Nous acceptons», dirent-ils. – «Soyez donc témoins, dit Allah. Et Me voici, avec vous, parmi les témoins. (3:81).*

> *Qu'adviendra-t-il d'eux lorsque Nous ferons venir de chaque communauté un témoin et que Nous te ferons venir (Ô Mouhammad) comme témoin contre ces gens? (4:41).*

> *Nous avons pris un engagement de tous les prophètes, de toi (Ô Mouhammad), de Noé, d'Abraham, de Moïse, et de Jésus, fils de Marie. Et Nous avons pris d'eux un engagement solennel. (33:7)[50].*

Ceci est confirmé par l'authentique hadith concernant l'intercession du Prophète ﷺ avant tous les prophètes au nom des croyants[51]. Finalement, le pardon d'Adam ﷺ est établi dans le verset:

> *«Puis Adam reçut de son Seigneur des paroles. Puis Allah accueillit son repentir. Il est Pardonneur, Miséricordieux». (2:37).*

---

[50] Traduction en Français de le version Anglaise de la traduction de Pickthall.
[51] Sahih al-Boukhari (*Kitab al-tawhid*).

L'imam Ahmad fit du *tawassoul* à travers le Prophète ﷺ une part de chaque supplication (*dou'a*) selon le rapport suivant:

Ala al-Din al-Mardawi dit[52]:

La correcte position de l'école juridique (Hanbalite) est qu'il est permis dans la supplication (*dou'a*) d'une personne, d'utiliser comme moyen, une personne pieuse, et il est dit que c'est désirable (*moustahabb*). L'Imam Ahmad dit à Abou Bakr al-Marwazi, «Qu'il utilise le Prophète ﷺ comme un moyen dans sa supplication à Allah (*yatawassalou bi al-nabi fi douaih*).»

La même position est mentionnée dans *Manassik* de l'Imam Ahmad comme cela est rapporté par son élève Abou Bakr Marwazi.

Similairement, le long récit de *tawassoul* selon l'école juridique Hanbalite comme établie par le *hafiz* Ibn Aqil dans sa *Tadhkira* fut cité entièrement par l'Imam Kawthari[53].

1. Le tawassoul du prophète Adam ﷺ à travers le Prophète Mouhammad ﷺ

Le Prophète ﷺ dit d'après Oumar:

«Lorsque Adam ﷺ commit son erreur, il dit: «Ô mon Seigneur! Je Te demande de me

---

[52] Ahmad ibn Hanbal, *al-Insaf fi marifat al-rajih min al-khilaf ala madhhab al-imam al-moubajjal* (3:456).

[53] Imam Kawthari dans son appendice au *al-Sayf al-saqil* de Cheick al-Islam Taqi al-Din al-Soubki inclu dans l'édition de Kawthari du dernier.

pardonner pour l'amour de Mouhammad.» Allah dit: «Ô Adam ﷺ! Et comment sais-tu au sujet de Mouhammad que je n'ai pas encore créé?» Adam ﷺ répondit: «Ô mon Seigneur! Après que Tu m'aies créé avec Ta main et aies soufflé de Ton Esprit en moi, Je levai ma tête et vit écrit sur les hauteurs du Trône, «Il n'y a de dieu qu'Allah et Mouhammad est le Messager d'Allah (*la ilaha illallah mouhammadoun rassoulallah*). Je compris que Tu ne mettrais à côté de Ton Nom que le Plus aimé de Ta création.» Allah dit: «Ô Adam ﷺ! Je t'ai pardonné, et si ce n'était pas pour Mouhammad, Je ne t'aurai pas créé.»

Le texte ci-dessus fut transmis à travers plusieurs chaînes et fut cité par Bayhaqi (dans *Dalail al-noubouwwa*), Abou Nouaym (dans *Dalail al-noubouwwa*), al-Hakim dans *al-Moustadrak* (2:615), al-Tabarani dans son *Saghir* (2:82, 207) avec une autre chaîne contenant des sous-narrateurs inconnus de Haythami comme cité dans *Majma al-zawaid* (8:253) et Ibn Assakir en provenance d'Oumar ibn al-Khattab[54].

Ce hadith est déclaré hautement authentique (*sahih*) par al-Hakim dans *al-Moustadrak* (2:651) quoiqu'il reconnaisse Abd al-Rahman ibn Zayd ibn Aslam, l'un des sous narrateurs, comme faible. Cependant, lorsqu'il cite ce hadith, il dit: «Sa chaîne est hautement authentique, et c'est le premier hadith de Abd al-Rahman ibn Aslam que je cite

---

[54] La plupart de ces narrateurs furent copiés dans *al-Mawahib al-ladouniyya* de Qastallani (et le commentaire d'al-Zarqani 2:62).

dans ce livre.» Al-Hakim aussi déclare d'authentique une autre version à travers Ibn Abbas. Al-Boulqini déclare ce hadith d'authentique dans ses *Fatawa*. Al-Soubki confirme l'authentification d'al-Hakim (dans *Chifa al-siqam fi ziyarat khayr al-anam* p.134-135) quoique la rejection et la critique d'Ibn Taymiyya lui étaient connues, et il les rejette, disant que l'extrême critique de la faiblesse d'Ibn Zayd par Ibn Taymiyya est exagérée.

Ce hadith est aussi inclus par Qadi Iyad parmi «les très authentiques et fameuses narrations» dans *al-Chifa*, et il dit qu'Abou Mouhammad al-Makki et Abou al-Layth al-Samarqandi le citent. Qadi Iyad dit: «Il est dit que ce hadith explique le verset: «*Puis Adam reçut de son Seigneur des paroles. Puis Allah accueillit son repentir. Il est Pardonneur, Miséricordieux.*» (2:37). Il continue de citer une autre version très similaire à travers al-Ajourri (d.360) au sujet duquel al-Qari dit: «Al-Halabi dit: «Ceci semble être l'Imam et guide Abou Bakr Mouhammad ibn al-Houssayn ibn Abd Allah al-Baghdadi, le compilateur du livre *al-Sharia* consacré à la *Sounna*, *al-Arbaoun*, et autres». Ceci est confirmé par Ibn Taymiyya dans sa *Qaida fi al-tawassoul*: «C'est rapporté par Cheikh Abou Bakr al-Ajourri dans son livre *al-Charia*».

Ibn al-Jawzi aussi le considère d'authentique (*sahih*) comme il le cite dans le premier chapitre d'*al-Wafa bi ahwal al-moustafa*, dans l'introduction duquel il dit: «(Dans ce livre), je ne mélange pas le vrai et le faux» quoi qu'il sache la faiblesse d'Abd al-Rahman ibn Zayd comme narrateur; il cite aussi la version de Maysarat al-fajr par laquelle le Prophète ﷺ dit: «Lorsque Satan trompa Adam ﷺ et Eve, ils se repentirent et usèrent de mon nom comme moyen

II. LA RECHERCHE DES MOYENS D'ACCES A ALLAH (TAWASSOUL) A TRAVERS LE PROPHETE ﷺ

d'intercession auprès d'Allah». Ibn al-Jawzi dit aussi dans le même livre, dans le chapitre concernant la supériorité du Prophète ﷺ sur les autres prophètes: «Une part du dévoilement de sa supériorité aux autres prophètes est le fait qu'Adam ﷺ demanda à son Seigneur à travers le caractère sacré (*hourma*) de Mouhammad pour qu'Il accueillisse son repentir comme nous l'avons déjà cité».

Souyouti cite dans son commentaire Coranique *al-Dourr al-manthour* (2:37) et dans *al-Khassais al-Koubra* (1:12) et dans *al-Riyad al-aniqa fi charh asma khayr al-khaliqa* (p.49) où il dit que Bayhaqi le considère hautement authentique. Ceci est dû au fait que Bayhaqi dit dans l'introduction au *Dalail* qu'il inclut seulement que des narrations authentiques dans son livre, quoiqu'il sut aussi et cita explicitement la faiblesse de Abd al-Rahman ibn Zayd.

Ibn Kathir le cite après Bayhaqi dans *al-Bidaya wal-Nihaya* (1:75, 1:180).

Al-Haythami dans *Majma al-zawaid* (8:253 #28870), Bayhaqi lui-même, et al-Qari dans *Char al-Chifa* montrent que ses chaînes comportent des faiblesses. Cependant, la faiblesse d'Ibn al-Rahman ibn Zayd était connue d'Ibn al-Jawzi, Soubki, Bayhaqi, Hakim et Abou Nouaym, pourtant tous ces savants conservèrent et accordèrent une considération à ce hadith dans leurs livres.

Trois savants le rejettent, Ibn Taymiyya (*Qaida jalila fi al-tawassoul* p.89, 168-170) et ses deux élèves Ibn Abd al-Hadi (*al-Sarim al-mounki* p.61-63) et al-Dhahabi (*Mizan al-itidal* 2:504 et *Talkhis al-moustadrak*), alors que Asqalani rapporte le dire d'Ibn Hibban que Abd al-Rahman est un faussaire (*Lissan al-mizan* 3:360, 3:442).

Cependant, Ibn Taymiyya ailleurs, cite cette version et une à travers Maysara puis dit: «ces deux sont l'explication (*tafsir*) des *hadiths* authentiques (concernant le même sujet» [*Fatawa* 2:150]. Le savant de hadiths contemporain Mecquois Ibn Alawi al-Maliki dit: «Ceci indique qu'Ibn Taymiyya considère le hadith assez solide pour être pris comme témoin pour d'autres narrations (*salih li al-istichhad wa al-itibar*) parce que le forgé (*al-mawdou*) et le faux (*al-batil*) ne sont pas pris comme témoin par les gens de hadith». Al-Maliki cite aussi (sans référence) l'endossement sans retenue de Dhahabi du hadith dans *Dalail al-noubouwwa* de Bayhaqi avec ces mots: «Vous devrez prendre ce qui y est (le *Dalail*) car il consiste entièrement de conseil et de lumière» (*Mafahim yajib an toussahhah* p.47).

2. La création par Allah pour l'amour du Prophète Mouhammad ﷺ

Il est par ailleurs évident qu'Ibn Taymiyya considère le sens de la création de toute chose pour l'amour du Prophète ﷺ comme un fait vrai et juste comme il le déclare dans sa *Majmouat al-fatawa* dans le volume sur *tassawwouf* (11:95-97):

> Mouhammad est le Chef des Enfants d'Adam ﷺ, le Meilleur de la Création, le plus noble d'entre eux aux yeux d'Allah. C'est la raison pour laquelle certains disent qu'«Allah créa l'Univers à cause de lui», ou que «si ce ne fut pour lui, Il n'aurait jamais créé un Trône, ni un Repose-pied, ni le ciel, ni la terre, ni le soleil ou la lune.» Cependant, ceci n'est pas un hadith

II. LA RECHERCHE DES MOYENS D'ACCES A ALLAH (TAWASSOUL) A TRAVERS LE PROPHETE ﷺ

au nom du Prophète ﷺ... mais il peut être expliqué à partir d'un aspect plus compréhensif...

Dans la mesure où le meilleur des vertueux des enfants d'Adam ﷺ est Mouhammad ﷺ, sa création fut une fin louable de sagesse très approfondie mieux que celle de quiconque, ainsi l'achèvement de la création et la réalisation de la perfection furent atteintes avec Mouhammad ﷺ. Le Chef des Enfants d'Adam ﷺ est Mouhammad ﷺ. Adam ﷺ et ses enfants étant sous sa bannière. Il dit: «En vérité, je fus décrété comme le Sceau des Prophètes auprès d'Allah, lorsque Adam ﷺ était encore formé de glaise», c'est à dire que «ma prophétie fut décrétée et devint manifeste lorsque Adam ﷺ fut crée mais avant que l'Esprit soit insufflé en lui», tout comme Allah décrète l'existence, la durée de vie, actions et misère ou joie de l'esclave lorsqu'Il crée l'embryon mais avant d'insuffler l'Esprit en lui.

Puisque l'homme est le sceau et le dernier de toute la création et son microcosme, et dans la mesure où le meilleur des humains est absolument ainsi le meilleur de toute la création, alors Mouhammad, étant la Prunelle de l'œil, l'Axe du Moulin, et le Distributeur à la Collectivité de la création, est comme s'il était le But Ultime de parmi tous les buts de la création. Ainsi, on ne peut nier le dire suivant:

«A cause de lui tout ceci fut créé» ou que «Si ce ne fut pour lui, tout ceci n'aurait pas été créé»; si des déclarations de ce genre sont ainsi expliquées selon ce que le Livre et la *Sunnah* l'indiquent, c'est acceptable.

Sa dernière partie est citée comme un hadith à part dans l'expression suivante: «Si ce n'était pas pour Mouhammad, Je n'aurais pas créé les sphères (*al-aflak*).» Al-Ajlouni dit[55]: «Al-Saghani (d.650) dit que c'est forgé. Je dis: mais son sens est correct.» Similairement, selon Ali al-Qari[56], «Al-Saghani dit[57]: «C'est forgé», cependant, son sens est authentique (*minahou sahih*) comme Daylami a rapporté sur l'autorité d'Ibn Abbas que le Prophète ﷺ dit: «Gabriel est venu à moi et dit: Ô Mouhammad! Si ce n'était pas pour toi, le paradis n'aurait pas été crée, et si ce n'était pas pour toi, le feu n'aurait pas été créé». Et Ibn Assakir transmet: «Et si ce n'était pas pour toi, le monde n'aurait pas été créé».

Quant à la rejection d'Albani de l'utilisation de Daylami par Qari pour supporter le hadith avec mot pour mot: «Je n'hésite pas à le déclarer de faible sur la base que Daylami est le seul à le citer» (*silsila daifa* #282), elle fait montre de l'exagération et de la déviation de la pratique des savants concernant Daylami et son livre. Ibn Taymiyya dit dans *Minhaj al-sounna* (4:38): «Le fait que seul Daylami rapporte un hadith ne signifie pas que le hadith est authentique». Notons qu'il n'a jamais dit: «Le fait que seul Daylami rapporte un hadith signifie qu'il est forgé»,

---

[55] Al-Ajlouni, Kachf al-khafa (#2123).
[56] Ali al-Qari, *al-Asrar al-marfoua* (#754-755).
[57] Al-Saghani, *al-Ahadith al-mawdoua* p.7.

II. LA RECHERCHE DES MOYENS D'ACCES A ALLAH (TAWASSOUL) A TRAVERS LE PROPHETE ﷺ

pourtant ceci est ce qu'Albani conclut! Le lecteur peut comparer la méthode de rejection a priori d'Albani au lieu d'une discussion du hadith en tant que tel, à la crédibilité d'Ibn Hajar al-Asqalani à un hadith rapporté par Daylami comme cela est montré par le hadith #33 de son *Arbaoun fi rad al-moujrim an sabb al-mouslim* quoique Daylami est seul à le citer. Plus loin, dans *Minhaj al-sounna*, Ibn Taymiyya déclara à son sujet dans son livre: «Al-Daylami dans son livre *al-Firdaws*, a cité plusieurs hadiths authentiques (*sahih*), de même que des narrations assez bonnes (*hassan*) et des forgées ... Il était l'un des gens de savoir et de religion, et il n'était pas un menteur[58].»

Ibn al-Qayyim dans son *Badai al-fawaid* alla plus loin jusqu'à faire dire par Allah à l'humanité que toute chose fut créée pour l'amour des êtres humains:

> Avez-vous réalisé votre valeur? J'ai crée tout l'univers seulement par votre amour ... Toutes les choses sont des arbres dont vous êtes les fruits (*hal arifat qimata nafsik? Innama khalaqtou al-akwana koullaha laka...koullou al-achiyai chajaratoun wa anta al-thamara*)[59].

Si Allah créa tous les univers par amour des êtres humains, alors comment attribuer à toute l'humanité ce qui est nié au Prophète ﷺ qui est meilleur que l'humanité et les *djinns* mis ensemble?

---

[58] Ibn Taymiyya, *Minhaj al-sounna* (4:78)
[59] Ibn Qayyim al-Jawziyya, *Badai al-fawaid* (Alexandrie: *Dar al-dawa*, 1412/1992) p.63

3. Le nom du Prophète ﷺ écrit auprès du Nom d'Allah

Les hadiths suivants font cas du nom du Prophète ﷺ avec le nom d'Allah sur le Trône et dans les cieux, cités par les maîtres de hadiths comme cela est rapporté par Souyouti[60]:

- Dans Ibn Assakir de la part de Kab al-Ahbar: Adam dit à son fils Seth: «Ô mon fils! Tu es mon successeur, par conséquent, cherche ma succession dans la crainte révérencieuse et le Lien indéfectible, et toutes les fois que tu mentionnes Allah, mentionne après Son Nom le nom de Mouhammad, car j'ai vu son nom sur le pied du Trône quand j'étais entre l'esprit et l'argile. Ensuite j'ai parcouru les cieux et je ne vit aucun endroit sur lequel ne fut écrit le nom de Mouhammad, et lorsque mon Seigneur me fit habiter le paradis, j'y vis ni palais ni chambres sur lesquels ne fut écrit le nom de Mouhammad. J'ai vu son nom écrit sur les poitrines des jeunes filles aux grands yeux du paradis, sur les feuilles des tiges à roseaux et des buissons du jardin, sur les feuilles de l'arbre de félicité, sur les feuilles du Lotus de la Limite, et sur les voiles et entre les yeux des anges. Ce faisant, fais beaucoup ses éloges, car les anges font ses éloges à tout moment.»
- Ibn Adi et Ibn Assakir, de la part d'Anas que le Prophète ﷺ dit: «Lorsque je fus transporté dans les

---

[60] Souyouti, *al-Khassais al-koubra* (1:12-14).

II. LA RECHERCHE DES MOYENS D'ACCES A ALLAH (TAWASSOUL) A TRAVERS LE PROPHETE ﷺ

cieux, je vis écrit sur le pied du Trône: «*La ilaha illallah mouhammadoun rassouloullah ayyadtouhou bi ali*» (il n'y a de divinité qu'Allah et Mouhammad est le messager d'Allah, et Je l'ai supporté avec Ali)[61].

- Ibn Assakir de la part d'Ali que le Prophète ﷺ dit, «La nuit où je voyageai, je vis écrit sur le Trône: «*La* ilaha illallah *mouhammadoun rassouloullah Abou bakr al-siddiq oumar al-farouq outhman dhou al-nourayn*» (il n'y a de dieu sauf Allah et Mouhammad est le Messager d'Allah, Abou Bakr al-Sidiqq, Oumar al-Farouq, Outhman des Deux Lumières).»[62]

- Ibn Adi, Tabarani dans *al-Awsat*, Ibn Assakir et al-Hassan ibn Arafa dans son fameux volume d'Abou Hourayra que le Prophète ﷺ dit: «La nuit où je fus envahi de joie et transporté au ciel, je ne traversai aucun ciel où je ne vis mon nom écrit, *Mouhammadoun rassouloullah*, avec Abou Bakr à mes côtés».

- Al-Bazzar d'Ibn Oumar: Le Prophète ﷺ dit: «Lorsque je fus transporté au ciel, je ne passai par

---

[61] Voir aussi al-Khatib (11:173) et Souyouti dans al-Dourr al-manthour (4:153). Al-Haythami le cite dans Majma al-zawaid comme cela est rapporté du Compagnon Aboul Hamra (Hilal ibn al-Harith), le serviteur du Prophète, au lieu d'Anas, et dit: «Sa chaîne contient Amr ibn Thabit et ses narrations sont abandonnées (matrouk)». Ceci est différent d'Amr ibn Thabit al-tabii (l'élève d'Abd Allah ibn Oumar), qui est digne de confiance (thiqa).

[62] Dans al-Khatib dans Tarikh Baghdad (10:264) et Souyouti dans al-Dourr al-manthour (4:153) sans la mention des trois caliphes.

aucun ciel où je ne vis écrit mon nom, «*Mouhammadoun rassouloullah*» (Mouhammad est le Messager d'Allah)»[63].

- Al-Khatib, Ibn Assakir et al-Daraqoutni dans *al-Afrad* (rapport relaté d'un seul narrateur), d'Abou al-Darda que le Prophète ﷺ dit: «La nuit où je voyageai, je vis un vêtement vert sur le Trône sur lequel était écrit en lettres de lumière, «*La ilaha illallah mouhammadoun rassouloullah abou bakr al-siddiq oumar al-farouq* (il n'y a de dieu sauf Allah et Mouhammad est le Messager d'Allah, Abou Bakr al-Siddiq, Oumar al-Farouq).»

- Ibn Assakir de Jabir, que le Prophète ﷺ dit: «Sur le portail du Paradis est écrit: «*La ilaha illallah mouhammadoun rassouloullah*» (il n'y a de dieu sauf Allah, et Mouhammad est le Messager d'Allah)[64].

- Abou Nouaym dans *al-Hilya* d'Ibn Abbas que le Prophète ﷺ dit: «Il n'y a dans tout le paradis aucun arbre avec une feuille qui ne porte pas l'inscription «*La ilaha illallah mouhammadoun*

---

[63] Al-Haythami dit dans *Majma al-Zawaid* : « D'Ibn Oumar: Le Prophète dit: Lorsque je fus transporté dans les cieux, dans chaque ciel où je passais, je vis écrit: Mouhammad est le Messager d'Allah Abou bakr al-Siddiq (*mouhammadoun rassouloullah abou al-siddiq*). » Sa chaîne contient Abd Allah ibn Ibrahim al-Ghifari qui est faible.

[64] Al-Haythami dans *Majma al-Zawaid* le rapporte avec le rajout: *ali akhou al-nabi sallallahou alayhi wa sallama qabla an yakhlouqou al-khalq* (dans une version: *qabla an yakhlouqa al-samawati wa al-ard*) *bi alfay sanatin*. Haythmi dit: «Tabarani le rapporta dans *al-Awsat* et sa chaîne contient al-Ashath ibn Amm al-Hassan ibn Salih qui est faible, et je ne le connais pas.

II. LA RECHERCHE DES MOYENS D'ACCES A ALLAH (TAWASSOUL) A TRAVERS LE PROPHETE ﷺ

rassouloullah» (il n'y a de dieu sauf Allah, et Mouhammad est le Messager d'Allah)[65].

- Al-Hakim d'Ibn Abbas, juge de *sahih* authentique) le hadith suivant: «Allah révéla à Jésus ﷺ ce qui suit: «Crois en Mouhammad et ordonne à ceux de ta Communauté qui le verront de croire en lui, car si ce n'était pas pour Mouhammad Je n'aurais créé ni Adam, ni le paradis, ni le feu. Lorsque Je créai le Trône sur l'eau, il frémit. Ainsi donc j'y écrivis *«La ilaha illallah mouhammadoun rassouloullah»* (il n'y a de dieu sauf Allah et Mouhammad est le Messager d'Allah) et il devint calme.» Al-Dhahabi dit: «Sa chaîne contient Amr ibn Aws, et on ne sait pas qui il est[66].»
- Ibn assakir, de Jabir, à travers Abou al-Zoubayr: «Entre les épaules d'Adam ﷺ est écrit: *«Mouhammadoun rassouloullah khatam al-nabiyyin»* (Mouhammad est le Messager d'Allah, le Sceau des Prophètes).
- L'imam Shawkani dit dans son commentaire sur *Iddat al-hisn al-hassin* intitulé *Touhfat al-dhakirin bi*

---

[65] Al-Haythami dans *Majma al-Zawaid* dit: «Dans Tabarani de la part d'Ibn Abbas: Le Prophète dit: «Il y a un arbre dans le paradis » ou « Il n'y a pas un arbre dans le paradis », le narrateur, Ali ibn Joumayl, n'était pas sûr «dont les feuilles ne portent pas l'inscription *la ilaha illallah mouhammadoun rassouloullah abou bakr al-siddiq oumar al-farouq outhman dhou al-nourayn*. Tabarani le rapporte et sa chaîne contient Ali ibn Jounayl qui est faible.

[66] Il n'y a pas de doute, il ne s'agit pas ici d'Amr ibn Aws al-Thaqafi le grand *tabi'i* dont les narrations sont dans Boukhari et Mouslim.

iddat al-hisn al-hassin[67] de Jazari: «Il [al-Jazari] dit: «Qu'il fasse *tawassoul* à Allah avec Ses prophètes et les *salihin* ou saints (dans sa supplication).» Je dis que l'illustration du *tawassoul* avec les prophètes est le hadith extrait par Tirmidhi et autres (de l'homme aveugle disant: «Ô Allah! Je Te demande et me tourne vers Toi au moyen de Mouhammad ﷺ, le Prophète de Miséricorde)[68]» ... En ce qui concerne le *tawassoul* avec les saints, parmi ses exemples est le hadith (établi comme authentique) du *tawassoul* des Compagnons, demandant la pluie à Allah au moyen d'al-Abbas, l'oncle du Prophète; Oumar dit: «Ô Allah! Nous utilisons comme moyen vers Toi l'oncle de notre Prophète ﷺ etc....[69]» La position détaillée et complète de Shawkani sur le *tawassoul* tirée de son traité *al-Dourr al-nadir* est citée plus loin dans les lignes à suivre.

4. Le hadith de l'intercession de l'homme aveugle à travers le Prophète Mouhammad ﷺ

Un homme aveugle alla au Prophète ﷺ et dit: «Invoque Allah pour moi afin qu'Il m'aide.» Il répondit: «Si tu le veux je le retarderai, et ce sera mieux pour toi, et si tu le veux j'invoquerai Allah l'Exalté (pour toi).» Il

---

[67] Shawkani, commentaire sur *Iddat al-hisn al-hassin Intitulé Touhfat al-dhakirin bi iddat al-hisn al-hassin*, Beyrouth éd. 1970, p.37.
[68] Voir ci-dessous, la page suivante.
[69] Voir ci-dessous, le prochain paragraphe.

II. LA RECHERCHE DES MOYENS D'ACCES A ALLAH (TAWASSOUL) A TRAVERS LE PROPHETE ﷺ

dit: «Alors invoque-Le.» Le Prophète ﷺ lui dit: «*Idhhab fa tawadda, wa salli rakattayn thoumma qoul* (va et fait une ablution, offre deux *raka'at* de prières régulières (*salat*), ensuite dit: «Ô Allah! Je Te demande (*assalouka*) et me tourne vers Toi (*atawajjahou ilayka*) avec Ton Prophète Mouhammad ﷺ (*bi nabbiyyika Mouhammad*), le Prophète ﷺ de miséricorde; Ô Mouhammad! (*Ya Mouhammad*), je me tourne avec toi vers notre Seigneur concernant mon présent besoin. Je lui demande la restitution de ma vue avec ton intercession (*inni atawajjahou bika ila rabbi fi hajati hadhih* – une autre version a: *inni astashfiou bika ala rabbi fi raddi bassari*) afin qu'Il satisfasse mon besoin. Ô Allah! Permet-lui d'intercéder (auprès de Toi) pour moi (*allahoumma shaffihou fiya*)».[70]

L'ordre du Prophète ﷺ, ici comme ailleurs, véhicule une force législative pour tous les Musulmans, et elle n'est pas limitée à une personne particulière, une place ou un temps; elle est valide pour toutes les générations jusqu'à la fin des temps à moins qu'il soit démontré autrement par un ordre ultérieure du Prophète ﷺ lui-même.

---

[70] Rapporté par Ahmad (4:138 #17246-17247), Tirmidhi (*hassan sahih gharib*, Daawat Ch.119), Ibn Majah (Livre d'*Iqamat al-salat wal-sunnat*, Ch. Sur *Salat al-hajat* #1385), Nissai (*Amal al-yawm wal-laylat* p.417-418 #658-660), al-Hakim (1:313,1:526), Tabarani dans *al-Kabir*, et rigoureusement authentifié comme solide (*sahih*) par presque quinze maîtres de hadith comprenant Ibn Hajar, Dhahabi, Shawkani, et Ibn Taymiyya.

Le Prophète ﷺ n'était pas physiquement présent au moment dit de l'invocation dans la mesure où il dit à l'homme aveugle: «va et fais ton ablution» sans ajouter, «ensuite reviens à moi». Au regard de l'absence physique, le vivant et le mort sont exactement identiques; c'est-à-dire absents.

Malgré l'absence physique du Prophète ﷺ, le mot (*sigha*) pour désigner son intercession est une adresse directe: «Ô Mouhammad!». Une telle expression – «Ô untel et untel!» – est seulement utilisée au sujet de quelqu'un qui est présent et qui est capable d'entendre. Il doit être aussi rappelé qu'Allah interdit aux Compagnons de devancer ou d'appeler le Prophète ﷺ de manière ordinaire comme ils le font entre eux (49:1-2). Ce faisant, la seule façon où le Prophète ﷺ puisse être à la fois absent et en même temps être adressé est que le premier cas soit compris dans le sens physique et le deuxième dans le cas spirituel.

L'invocation ci-dessus fut aussi utilisée après le temps du Prophète ﷺ comme cela est démontré par le hadith *sahih* authentifié par Bayhaqi, Abou Nouaym[71], Moundhiri[72], Haythami et Tabarani[73]. Ils rapportent sur l'autorité d'Abou Imama ibn Sahl ibn Hounayf, le neveu d'Outhman ibn Hounayf:

> Un homme vint à Outhman ibn Affan pour un certain besoin, mais ce dernier ne lui accorda aucune attention ni ne se préoccupa de son besoin à la suite de quoi il se plaignit de sa

---

[71] Abou Nouaym, *Marifa*.
[72] Moundari, *Targhib* 1:473-474.
[73] Tabari dans le *Kabir* (9:17-18) et le *Saghir* (1:184/201-202).

condition à Outhman ibn Hounayf qui lui dit: «Vas et fais ton ablution, ensuite vas à la mosquée et pries deux cycles (*rakat*), ensuite récite cette supplication (*doua*)», et il mentionna l'invocation de l'aveugle, «ensuite (retourne à Outhman)».

L'homme alla, fit comme il lui été ordonné, ensuite alla à la porte d'Outhman après quoi le portier le prit par la main et l'amena à Outhman Ibn Affan qui le fit asseoir auprès de lui sur le tapis et lui dit: «Dis-moi! Quel est ton besoin»? Après cela, l'homme s'en alla, rencontra de nouveau Outhman ibn Hounayf et lui dit: «Qu'Allah te bénisse! Auparavant il ne m'accorda aucune attention ni ne s'occupa de moi, jusqu'à ce que tu lui en parles». Il répondit: «Je ne lui ai pas parlé, mais j'ai vu le Prophète ﷺ lorsqu'un homme aveugle vint se plaindre à lui de sa cécité,» et il lui mentionna le contenu de la narration précédente.

5. Le Tawassoul d'Oumar pour la pluie à travers l'oncle du Prophète ﷺ

Il est rapporté qu'Oumar ibn Khattab, le second calife, aurait prié Allah pour la pluie en périodes de sécheresse usant comme moyen, l'honneur et l'intercession de l'oncle du Prophète ﷺ, Abbas ibn Abd Mouttalib en faisant cette supplication:

«Ô Notre Seigneur! Auparavant, lorsque nous avions une sècheresse, nous avions l'habitude de venir à Toi au moyen et l'intercession de Ton Prophète ﷺ. Maintenant nous demandons l'intercession à travers l'oncle du Prophète ﷺ pour nous accorder la pluie», et elle fut accordée. Rapporté par Boukhari. Oumar ajouta après avoir fait cette supplication: «*hadha wallahi al-wassilatou illahi azza wa jall*» [Il (al-Abbas), par Allah, est le moyen à Allah].[74]

Les savants disent qu'Oumar prit comme intermédiaire al-Abbas au lieu du Prophète ﷺ en vue de montrer et de reconnaître le statut de l'oncle du Messager ﷺ parmi les gens et plus généralement celui des *Ahl al-Bayt* ou les proches du Prophète ﷺ. Kawthari cite dans *al-Istiab* le commentaire d'Ibn Abd al-Barr qu'Oumar utilisa al-Abbas en réponse aux dires de Kab: «Ô Commandant des croyants! Les Bani Israil, en de telles circonstances, ont l'habitude de prier pour la pluie au moyen des proches des prophètes[75]». Ce n'est pas comme certains l'on déformés, avançant la thèse que c'est parce que les moyens pour accéder au Prophète ﷺ n'existent plus qu'Oumar utilisa al-Abbas comme un *wassila*. Le hadith de Outhman ibn Hounayf et ce qu'a dit Malik à al-Mansour montrent que le Prophète ﷺ continue d'être pris par les Compagnons et Ceux qui les suivirent comme un moyen bénéfique même après qu'il ait quitté cette vie. Les lignes qui suivent sont des preuves supplémentaires à cet effet.

---

[74] Ibn Abd al-Barr le rapporte dans *al-Istiab bi ma'rifat al-ashab*.
[75] Kawthari, *Maqalat*, P.411.

II. La Recherche des Moyens d'Acces a Allah (Tawassoul) a travers le Prophete ﷺ

6. Le tawassoul de Aïcha pour la pluie à travers le Prophète ﷺ

Al-Darimi rapporte de la part d'Aws ibn Abd Allah avec une bonne chaîne[76]:

> «Les gens de Médine se plaignirent à Aïcha de la sévère sècheresse qu'ils enduraient. Elle dit: «Allez à la tombe du Prophète ﷺ et faite une fenêtre qui s'ouvre vers le ciel de manière qu'il n'y ait pas de toit entre lui et le ciel». Ils firent ainsi après quoi ils furent arrosés d'une telle pluie que la végétation poussa et les chameaux s'engraissèrent. Cette année fut nommée L'Année de l'Abondance».

Il est clair à partir des narrations ci-dessus que la position de la Mère des Croyants, Aïcha, diffère de celle des «Salafis» modernes de nos jours dans la mesure qu'elle recommanda aux gens de Médine d'utiliser le Prophète ﷺ dans sa tombe comme un moyen d'obtenir bénédiction et bénéfice. Cette pratique continua jusqu'à ce que les Wahhabis s'emparèrent du Hijaz, et les «Salafis» continuent de dénoncer cette pratique d'inacceptable.

Albani, dans un effort de rejeter le hadith de Darimi, soulève quelques objections qui sont défectueuses. Il fait la remarque suivante sur la chaîne de transmission de Darimi (Abou al-Nouman de Said ibn Zayd de Amr ibn Malik al-Noukri d'Abou al-Jawza Aws ibn Abd Allah de Aïcha)[77]:

---

[76] Al-Darimi dans Ch.15 du *Mouqaddima* (Introduction)) à la *Sunan* (1:43) intitulé «La générosité d'Allah à Son Prophète après sa mort».
[77] Albani, *Tawassoul: Ses genres et ses règles* (p.130-131).

Cette chaîne de transmission est faible et ne peut pas être utilisée comme une preuve pour trois raisons:

(i) Said ibn Zayd qui est le frère de Hammad ibn Zayd est quelque peu faible. Al-hafiz [Ibn Hajar] dit à son sujet dans *al-Taqrib*: «Généralement acceptable, mais il fait des erreurs.» Dhahabi dit à son sujet dans *al-Mizan*: «Yahya ibn Said dit, «faible », et al-Sadi dit: «Il ne constitue pas une preuve, ils déclarent ses hadiths de faible». Nassai et autres disent: «Il n'est pas convaincant». Ahmad dit: «Il est bon». Yahya ibn Said ne l'accepta pas».

La documentation ci-dessus est partielle, partisane et démontre la tendance «Salafi» à omettre la mention de tout ce qui peut contredire leur point de vue. Ceci est le cas d'Albani. Malgré l'affirmation des disciples d'Albani qu'il est le « meilleur savant de hadith de cet âge», il commet fréquemment des erreurs, fait des innovations dans plusieurs de ses décisions, et il n'est pas généralement fiable.

La présente narration en est un cas. Albani néglige de mentionner l'authentification des narrateurs qu'il déclare faibles, voilant ainsi la preuve fondamentale aux lecteurs, les induisant en erreur en vue de supporter le refus du concept d'intercession de sa secte. Les lignes à suivre offrent la réfutation point par point des assertions d'Albani par le savant Marocain de hadith, Abd Allah ibn Mouhammad ibn al-Siddiq al-Ghoumari[78]:

---

[78] Abd Allah ibn Mouhammad ibn al-Siddiq al-Ghoumari dans son livret intitulé *Irgham al-moubtadi al-ghabi bi jawaz al-tawassoul bi al-nabi* (La

II. LA RECHERCHE DES MOYENS D'ACCES A ALLAH (TAWASSOUL) A TRAVERS LE PROPHETE ﷺ

La réduction d'Albani de Said ibn Zayd au rang de faible est rejetée, parce que Said est l'un des narrateurs de Mouslim, et Yahya ibn Main le déclara fiable (*thiqa*)!

L'éditeur du texte de Ghoumari, l'élève de Ghoumari, Hassan Ali al-Saqqaf, dit à la même page ce qui suit:

> Albani a avancé des preuves sans fondement comme cela est son habitude lorsqu'il embellit le faux. Il cite du *Taqrib* d'Ibn Hajar tout ce qui convient à son caprice, omettant la mention que Said ibn Zayd est l'un des narrateurs de Mouslim dans son *Sahih*. Ce faisant, attention à cette dissimulation (*tadlis*) de sa part! ... Il ajoute la remarque de Dhahabi sur Said ibn Zayd dans le *Mizan*, et cela est une autre tentative de dissimulation délibérée, car il omet perfidement de mentionner ce qu'Ibn Hajar rapporta dans *Tahdhib al-tahdhib* (4:29) de ceux qui déclarèrent Said ibn Zayd de digne de foi (en plus du fait qu'il est l'un des narrateurs de Mouslim):
>
> - Boukhari dit: «Mouslim ibn Ibrahim nous rapporta: Said ibn Zayd Abou al-Hassan nous rapporta, et il est digne de confiance, et il est de ceux qui ont mémorisé les hadiths (*sadouq hafiz*)».

---

contrainte de l'inintelligent innovateur montrant qu'utiliser le Prophète comme un intermediaire est permis) p.23-25.

- Al-Douri dit sur l'autorité d'Ibn Main: «Said ibn Zayd est digne de confiance (*thiqa*)».
- Al-Ijli dit: «Il est de Basra, et il est digne de confiance».
- Abou Zoura dit: «J'entendis Soulayman ibn Harb dire: «Said ibn Zayd nous rapporta, et il était digne de confiance».
- Abou Jafar al-Darimi dit: «Hibban ibn Hilal nous rapporta: Said ibn Zayd nous transmit, et il est de ceux qui ont mémorisé les hadiths, et il était digne de confiance».
- Ibn Adi dit: «Il n'y a pas de narration réprouvé venant de lui à moins que quelqu'un d'autre la rapporte, et je le considère comme l'un de ceux qui sont fiables».

En plus des remarques ci-dessus, il est important de mentionner qu'Albani cite le grade qu'Ahmad attribue à Said ibn Zayd comme *la bassa bihi* que son traducteur traduit par «il est dans les normes», mais ni l'auteur ni le traducteur reconnaissent que dans la terminologie de l'Imam Ahmad, *la bassa bihi* est identique à *thiqa* qui veut dire «digne de confiance» et est parmi les hautes grades d'authentification! Ibn Salah[79], Dhahabi[80], Sakhawi[81], Ibn Hajar[82], Abou

---

[79] Ibn Salah, *Mouqaddima* (p.134).
[80] Dhahabi, *Lissan al-mizan* (1:13).
[81] Sakhawi, *Fath al-moughith*.
[82] Ibn Hajar, *Hadi al-sari*.

II. LA RECHERCHE DES MOYENS D'ACCES A ALLAH (TAWASSOUL) A TRAVERS LE PROPHETE ﷺ

Ghoudda[83], aussi bien que l'éditeur d'*al-Taqrib wa al-taysir*[84] de Nawawi, ont indiqué l'équivalence de dire: «Il n'y a pas de mal en lui» avec le grade de digne de confiance (*thiqa*) obtenu des premières autorités du troisième siècle tels qu'Ibn Main, Ibn al-Madini, Imam Ahmad, Douhaym, Abou Zoura, Abou Hatim al-Razi, Yaqoub ibn Soufyan al-Fassawi, et autres.

Albani poursuit dans sa liste de preuves en vue d'affaiblir la narration de Darimi:

> **(ii)** C'est *mawqouf* (s'arrêtant au compagnon), venant seulement de Aïcha et non du Prophète ﷺ, et même si la chaîne de transmission jusqu'à Aïcha était authentique, elle ne saurait être une preuve dans la mesure où c'est quelque chose d'ouvert au jugement personnel dans laquelle même les Compagnons ont souvent raison ou tort, et nous ne sommes pas obligés d'agir sur cela.

A cette assertion, il est très facile de répondre que non seulement la narration est bonne et authentique, mais aussi qu'il n'y a d'objection de la part d'aucun Compagnon à l'acte recommandé par la Mère des Croyants, tout comme il n'y avait aucune objection de leur part à l'*istisqa* fait par l'homme qui est venu à la tombe du Prophète ﷺ dans la narration de Malik al-Dar citée ci-dessous. Ceci montre l'*ijma* sur le problème de la part des Compagnons, et un tel *ijma* est définitivement une obligation dans la mesure où personne

---

[83] Abou Ghoudda dans son commentaire au *Raf* de Loucknawi (p.222 n3).
[84] Nawawi, *al-Taggrib wa al -taysir* p.51.

ne peut déclarer d'illégal ou d'innovation quelque chose que les Compagnons ont tacitement déclaré de légal ou de désirable. En ce qui concerne la position de suivre l'opinion des Compagnons, l'Imam al-Chafi'i dit: «Leur opinion pour nous est meilleure que la notre».[85]

Albani donne les lignes suivantes comme sa raison finale d'affaiblir la narration de Darimi:

> **(iii)** Abou al-Nouman… au début était un narrateur fiable sauf qu'à la fin de sa vie sa mémoire lui a fait défaut. Le maître de hadith Bourhan al-Din al-Halabi, dans son livre *Mouqaddima* (p.391) le mentionne parmi ceux qui se détériorèrent vers la fin de leur vie, et il dit: «La règle au sujet de ces gens est que leurs narrations sont acceptées si rapportées d'eux par des gens qui les ont entendu avant qu'ils ne se détériorent. Mais les narrations rapportées d'eux par des gens qui les ont entendues après qu'ils se soient détériorés, ou des narrations rapportées d'eux par des gens au sujet desquels nous ne savons pas s'ils les ont entendu avant qu'ils ne se détériorent ou après; dans ce cas leur narrations sont à rejeter».Je dis que nous ne savons pas si cet écrit fut entendu par Darimi par lui avant ou après que sa mémoire se détériore, ce n'est pas acceptable et par conséquent ne peut pas être utilisé comme preuve. [Note de bas de page]

---

[85] Comme rapporté par Ibn Qayyim dans *Ilam al-mouwaqqin an rabb al-alamin* (2:186-187).

II. LA RECHERCHE DES MOYENS D'ACCES A ALLAH (TAWASSOUL) A TRAVERS LE PROPHETE ﷺ

Cheikh al-Ghoumari manqua cette faiblesse dans *Misbah al-zoujaj* (p.43), juste comme elle fut ignorée par un autre en vue de donner l'impression aux gens que cet écrit est authentique.

Ghoumari dit au sujet d'Abou al-Nouman concernant ces assertions:

Sa déduction d'Abou Nouman comme faible est invalide parce que la détérioration d'Abou Nouman n'affecta pas ce qui fut rapporté de lui! Al-Dhahabi dit [comme cité par Dhahabi dans *Mizan al-itidal* (4:81)]: «Il se détériora à la fin de sa vie, et aucun hadith n'est rapporté de lui après sa détérioration quoiqu'il en soit, et il est digne de confiance (*thiqa*)». Quant à ce qu'Ibn Hibban dit: «Plusieurs choses réprouvées se produisirent dans ses narrations après sa détérioration», al-Dhahabi le rejeta lorsqu'il dit (4:8): «Ibn Hibban fut incapable de citer une seule narration réprouvée venant de lui, et la vérité est ce que Daraqoutni a dit».

Cheikh Mouhammad ibn Alawi al-Maliki dit:[86]

La détérioration d'Abou al-Nouman n'endommage ni ne porte atteinte à sa fiabilité dans la mesure où Bhoukari, dans son *Sahih*, rapporta plus de cent hadiths de lui, et aucune narration ne fut prise de lui après sa

---

[86] Cheick Mouhammad ibn al-Maliki dans son livre *Chifa al-fouad bi ziyarat khayr al-iban*. p.152

détérioration comme Daraqoutni dit ... La chaîne de transmission est exacte, en fait, je la considère bonne. Les savants ont cité comme preuve plusieurs chaînes qui sont comme elle ou moins forte qu'elle.

Les lignes suivantes sont des commentaires supplémentaires de Saqqaf, commençant par l'accusation d'Albani contre Cheikh al-Ghoumari:

> Nous savons bien que c'est Albani qui trahit la confiance intellectuelle et désinforme délibérément les gens, même s'il accuse les autres de désinformation... En affaiblissant Abou Nouman, il a encore agi sans foi. Il cite le livre d'al-Bourhan al-Halabi, *al-Ightibat bi man roumiya bi al-itkhtilat* (p.23) dans le but de décevoir ceux qui ne lisent que ses travaux! En effet, il est aussi nécessaire de savoir que ceux qui sont indexés comme souffrant de détérioration dans le livre précité sont divisés parmi ceux dont les narrations ne furent pas affectées par leur détérioration et ceux dont les narrations le furent. Abou al-Nouman appartient au premier groupe, et al-Dhahabi clarifia ceci dans *al-Mizan* (4:8). Partant de là, notre réponse à Albani est: Cheikh al-Ghoumari n'oublia rien au sujet de cette affaire de détérioration parce qu'il est un savant de hadith et un maître en matière de mémorisation (*hafiz*); cependant, c'est toi qui l'a omis, Ô calomniateur médisant!

II. La Recherche des moyens d'acces a Allah (Tawassoul) a travers le Prophete ﷺ

Quant à la citation de l'assertion d'Ibn Taymiyya par Albani affirmant «une preuve claire que c'est un mensonge est le fait qu'une telle ouverture n'exista pas du tout au-dessus de la maison de Aïcha toute sa vie»[87], elle est une objection faible qui disparaît aussitôt apparue. Certainement, l'Imam al-Darimi et les savants des générations successives auraient mieux su un tel détail que les nouveaux venus. Même les autorités parmi les nouveaux venus rejettent les objections d'Albani. Un exemple est le cas du savant de hadith et historien de Médine, l'Imam Ali al-Samhoudi (d.922). Il n'accorda pas d'importance à l'objection d'Ibn Taymiyya. Au contraire, il confirma la vérité de la narration de Darimi en disant[88]: al-Zaayn al-Miraghi dit: «Sache que c'est la *sounna* des gens de Médine jusqu'à ce jour d'ouvrir une fenêtre au bas du dôme de la chambre du Prophète ﷺ, qui est le dôme vert béni du côté de la *qibla*». Je dis, et en notre temps, ils ouvrent la porte faisant face à la noble face (la tombe) dans l'espace environnant la chambre et ils s'y assemblent».

L'acte de la Mère des Croyants, Aïcha, dans la narration de Darimi est explicitement confirmé par le fameux vers de poésie d'Abou Talib concernant l'*istisqa* à travers le Prophète ﷺ comme cela est rapporté dans le livre d'*istisqa* dans le *Sahih* de Boukhari.

---

[87] Ibn Taymiyya, *al-Radd ala al-bakri* (p.68-74).
[88] Albani après avoir cité Ibn Taymiyya dans son *Wafa al-wafa* (2:549).

7. La prière du Prophète ﷺ pour la pluie (*istisqa*)

Abdoullah ibn Dinar dit: «J'ai entendu Ibn Oumar réciter les versets poétiques d'Abou Talib:

Celui à la peau claire par la face duquel les nuages de pluie sont recherchés,
Un gardien des orphelins et protecteur des veuves.

Oumar ibn Hamza dit: Salim rapporta de son père (Ibn Oumar) que le dernier dit: «La parole du poète vint à mon esprit pendant que je regardais la face du Prophète ﷺ alors qu'il priait pour la pluie – et il n'observa aucun répit jusqu'à ce que l'eau de pluie coula déjà abondamment de chaque gouttière:

Celui à la peau claire par la face de qui les nuages de pluie sont recherchés,
Un gardien des orphelins et protecteur des veuves.

Un sous narrateur ajouta: «Ceux-ci furent les mots d'Abou Talib.»

Notons que dans la traduction de Boukhari, Mouhammad Mouhsin Khan déforme le texte du hadith pour écrire: «*Un homme blanc qui est requis pour prier pour la pluie*» en lieu et place de «*par la face de qui la pluie est recherchée*[89]».

Ibn Hajar dit:

L'exemple le plus clair de ce genre d'*istisqa* est ce que Bayhaqi rapporta dans *Dalail al-noubouwwa*[90] (6:141) de Mouslim al-Malai

---

[89] Boukhari, *Sahih*, trad. Mouhammad Mouhsin Khan, 2:65.
[90] Aussi Ibn Kathir, *al-Bidaya wal-nihaya* (6:90-91).

II. LA RECHERCHE DES MOYENS D'ACCES A ALLAH (TAWASSOUL) A TRAVERS LE PROPHETE ﷺ

d'Anas qui dit qu'un bédouin alla au Prophète ﷺ et dit:

«Ô Messager d'Allah! Nous sommes venus à toi à un moment où nos chameaux et nos enfants sont en train de souffrir. Ensuite il récita le poème:

> *Nous sommes venus à toi à un moment où,*
> *même nos mères enceintes étaient à court de*
> *lait, et la mère se soucie de sa propre vie*
> *comme celle de son enfant,*
> *L'enfant baisse les bras tout en restant assis*
> *tranquillement*
> *Par faim, une faim persistante et*
> *ininterrompue.*
> *Nous n'avons rien à notre disposition de ce*
> *que nos gens mangent*
> *Sauf du colocynthe amer et de la laine de*
> *chameau mélangée à du sang.*
> *Nous n'avons personne à qui recourir sauf*
> *toi, car à qui les gens peuvent-ils recourir si*
> *ce n'est le Messager?* »

Ensuite le Prophète ﷺ se tint debout, et il traînait son vêtement, et il monta sur la chaire et dit: «Ô Allah! Envoie-nous la pluie ...» à la suite de laquelle il plut abondamment. Ensuite le Prophète ﷺ dit: «Si Abou Talib était en vie, il aurait aimé voir ceci. Qui récitera pour nous ce qu'il a dit? A cela, Ali se tint debout et dit:

«Ô Messager d'Allah! Je pense que tu fais allusion à ses vers:

> *Celui à la peau claire par la face de qui les nuages de pluie sont recherchés,*
> *Un gardien des orphelins et protecteur des veuves.*
> *Avec lui le clan Hachim chercha refuge des calamités,*
> *Car ils ont en lui immense faveur et grâce.*[91]»

8. La Prière de Bilal pour la Pluie à la Tombe Du Prophète ﷺ

Al-Bayhaqi rapporte avec une chaîne authentique (*sahih*):

> Il est rapporté par Malik al-Dar, le trésorier d'Oumar, que les gens souffraient d'une sécheresse pendant la période d'Oumar lorsqu'un homme vint à la tombe du Prophète ﷺ et dit: «Ô Messager d'Allah! Demande la pluie pour ta communauté, car en vérité ils ont presque péri», après quoi le Prophète ﷺ lui apparu en rêve et lui dit: «Va à Oumar et transmet-lui ma salutation, ensuite dis-lui qu'ils auront la pluie. Dis-lui: Tu dois être subtil, tu dois être subtil!» L'homme alla et rapporta à Oumar. Ce dernier dit: «Ô mon Seigneur! Je n'épargne aucun effort sauf ce qui échappe à mon pouvoir!»

---

[91] Ibn Hajar, ch. sur «La sollication des gens à l'Imam pour *istiqa* en temps de sécheresse» dans le livre *d'Istisqa* dans *Fath al-Bari* (1989 éd. 2.629.»

II. LA RECHERCHE DES MOYENS D'ACCES A ALLAH (TAWASSOUL) A TRAVERS LE PROPHETE ﷺ

Ibn Kathir cite ce récit de Bayhaqi et dit: *isnadouha sahih*; Ibn Abi Chayba le cite dans son *Moussannaf* avec une chaîne authentique (*sahih*) comme confirmé par Ibn Hajar qui dit: *rawa Ibn Abi Chayba bi isnadin sahih*, et cite le hadith dans *Fath al-Bari*[92]. Il identifie Malik al-Dar comme le trésorier d'Oumar (*khazin oumar*) et dit que l'homme qui visita et vit le Prophète ﷺ dans son rêve est le Compagnon Bilal ibn al-Harith, et il compte ce hadith parmi les raisons de la nomination par Boukhari du chapitre «Le recours des gens à leur leader pour la pluie en période de sécheresse.» Il le mentionne aussi dans *al-Issaba* où il dit qu'Ibn Abi Khaythama le cita. Ce hadith est encore examiné plus loin dans les lignes qui suivront en ce qui concerne l'assertion d'Albani «Nous n'acceptons pas l'authenticité de ce récit ...»

L'implication légale ici ne découle pas du rêve bien que la vue du Prophète ﷺ en rêve soit réelle; un rêve ne peut pas être utilisé pour établir une règle (*houkm*) parce que la personne qui fait le rêve peut se tromper dans sa formulation. Au contraire, la déduction de ce hadith est basée sur l'action du Compagnon Bilal ibn al-Harith. Le fait que Bilal vint à la tombe du Prophète ﷺ, l'interpella, requis qu'il demanda pour lui la pluie, est une preuve que ce genre d'actions est permis. Ces actions tombent dans la rubrique de demande de l'aide au Prophète ﷺ (*istighatha*), recourant à lui comme un moyen (*tawassoul*), et usant de sa médiation (*tachaffou*). Puisqu'aucun des compagnons ne le réprimanda, il fut admis que de telles actions comptent parmi les meilleures pour se rapprocher d'Allah.

---

[92] Ibn Hajar, *Fath al-Bari*, Livre d'Istisqa Ch.3 (Béirout: Dar alkoutoub al-ilmiyya, 1410/1989) 2:629-630.

Encore dans son édition d'ibn Hajar, le Moufti «Salafi» Bin Baz rejette le hadith comme une source valide de rechercher de la pluie à travers le Prophète ﷺ et impudemment condamne l'acte du Compagnon qui vint à la tombe, le traitant de *mounkar* (aberrant) et *wassila ila al-chirk* (un moyen d'associer des partenaires à Allah)[93]!

9. Le Prophète ﷺ Voit L'Activité De Sa Communauté

Le Prophète ﷺ dit: Ma vie est une grande faveur pour vous: vous rapporterez à mon sujet, et elle vous sera rapportée; et ma mort est un grand bien pour vous: Vos actions me seront présentées (dans ma tombe), et si je vois du bien je louerai Allah, et si je vois autrement, je Lui demanderai pardon pour vous».

Haythami dit:

«Al-Bazzar le rapporte, et tous ses sous narrateurs sont des gens de hadiths authentiques[94].» Qadi Iyad le cite et Souyouti dit: «Ibn Abi Oussama le cite dans son *Mousnad* à partir du hadith de Bakr ibn Abd Allah al-Mouzani, et al-Bazzar à partir du hadith d'Ibn Massoud avec une chaîne authentique (*sahih*)». Cela est confirmé dans les commentaires d'al-Khafagi et al-Qari sur *al-Chifa*. Al-Iraqi dit: «Sa chaîne est bonne» (*isnadouhou jayyid*)».

---

[93] Haythami, *Majma al-zawaid* (9:24 #91).
[94] Qadi Iyad, *al-Chifa* (1:56 de l'édition Amman).

II. La Recherche des moyens d'acces a Allah (Tawassoul) a travers le Prophete ﷺ

Le même hadith est cité dans *Chifa al-siqam fi ziyarat khayr al-anam* (La guérison du malade en relation avec la visite du meilleur de la création) de Cheikh al-Islam al-Taqi al-Soubki, où il mentionne que Bakr ibn Abd Allah al-Mouzani le relata, et Ibn al-Jawzi le mentionne à travers Bakr puis à travers Anas ibn Malik dans l'avant-dernier chapitre de l'avant-dernière section d'*al-Wafa* sans donner l'*isnad*, les deux étant bien entendu des *houffaz*. Cependant, Ibn al-Jawzi précisa dans l'introduction de son livre qu'il ne cita que des traditions authentiques. Il y mentionne aussi la version à travers Aws ibn Aws: «Les actions des êtres humains me sont montrées chaque Jeudi nuit précédant le Vendredi».

L'ancien Grand Moufti d'Egypte, Cheikh Hassanayan Mouhammad Makhlouf, écrit:

> Le hadith signifie que le Prophète ﷺ est un grand bien pour sa Communauté de son vivant, parce qu'Allah l'Exalté a préservé la Communauté de la déviation, la confusion et le désaccord à travers le secret de la présence du Prophète ﷺ, et Il a guidé les gens à travers le Prophète ﷺ à la vérité manifeste; et après qu'Allah eut repris le Prophète ﷺ, notre accès à la bonté de celui-ci continue sans arrêt, et l'extension de sa bonté perdurent, nous envahi. Les actions de la Communauté lui sont présentées chaque jour, et il glorifie Allah pour les biens qu'il voit, Lui demande pardon pour les péchés mineurs et l'allègement de Sa punition pour les plus graves: Il y a par

conséquent «du bien pour la Communauté durant sa vie et après sa mort».

Puis, c'est confirmé dans le hadith que le Prophète ﷺ est vivant dans sa tombe dans une «vie intermédiaire» spéciale (*hayat barzakhiyya khassa*) plus forte que les vies des martyres mentionnés dans le Coran dans plus d'un verset. La nature de ces deux genres de vies ne peut être connue sauf de Celui qui le leur a conféré, Le Glorieux, l'Exalté. Il est capable de tout. Son étalage des actions de la Communauté au Prophète ﷺ comme une bienveillance honorifique pour lui et à sa Communauté est raisonnablement possible et mentionné dans les récits. Il n'y a aucune possibilité de le réfuter; Et Allah guide à Sa lumière quiconque Il veut; et Allah est Savant.

10. Le récit de Al-Outbi et autres exemples de Tawassoul à La Tombe du Prophète ﷺ

D'autres hadiths sur le *tawassoul*:

Al-Outbi dit: «Pendant que j'étais assis auprès de la tombe du Prophète ﷺ, un bédouin Arabe arriva et dit: «La paix soit sur toi, Ô Messager d'Allah! J'ai entendu Allah dire, «...*Si lorsqu'ils se sont manqués à eux-mêmes, ils venaient à toi et demandaient pardon à Allah et que le Messager demandât pardon pour eux, certes ils trouveraient Allah très accueillant au repentir, Miséricordieux*». (4:64). Ainsi je suis venu à toi demander pardon pour mon péché, recherchant ton

II. La Recherche des moyens d'acces a Allah (Tawassoul) a travers le Prophete ﷺ

intercession auprès de mon Seigneur. Ensuite il commença à réciter de la poésie:

Ô meilleur de ceux dont les os sont enterrés dans la terre profonde!
Dont le parfum habite la profondeur
Et l'éminence est devenue agréable,
Fasse que je sois la rançon pour une tombe que tu habites,
Et dans laquelle se trouvent pureté, générosité et munificence!

Puis il s'en alla, et je somnolais et vis le Prophète ﷺ dans mon sommeil. Il me dit: «Ô Outbi! Cours après le Bédouin et donne-lui la bonne nouvelle qu'Allah lui a pardonné».

Le récit est *mashhour* (bien connu) et rapporté par Nawawi[95], Ibn Jamaa[96], Ibn Aqil[97], Ibn Qoudama[98], al-Qourtoubi[99], Samhoudi[100], Dahlan[101], Ibn Kathir[102], Abou al-Faraj ibn Qoudama[103], al-Bahouti al-Hanbali[104], Taqi al-Din al-Soubki[105], Ibn al-Jawzi[106], al-Bayhaqi[107], Ibn Assakir[108], Ibn Hajar

---

[95] Nawawi, *Adhkar*, De la Mècque éd. P.253-254, *al-Majmou* 8:217, et *al-Idah fi manassik al-hajj*, les chapitres sur visiter la tombe du prophète.
[96] Ibn Jamaa, *Hidayat al-salik* 3:1384.
[97] Ibn Aqil, *al-Tadhkira*.
[98] Ibn Qoudama, *al-Moughni*, 3:556-4557.
[99] Al-Qourtoubi, *Tafsir* de 4:64 dans *Ahkam al-qouran* 5:265.
[100] Samhoudi, *Khoulassat al-wafa* p.121 (de Nawawi).
[101] Dahlan, Khoulassat al-kalam 2:247.
[102] Ibn Kathir, *Tafsir* 2:306, et *al-Bidayat wal-nihayat* 1:180.
[103] Abou al-Faraj ibn Qoudama, *al-Charh al-kabir* 3:495.
[104] Al-Bahouti, *Kachchafaf al-qina* 5:30.
[105] Taqi al-Din al-Soubki, *Chifa al-siqam* p.52.

al-Haytami[109], Ibn al-Najjar[110]. Un rapport similaire est cité à travers Soufyan ibn Ouyayna (le Cheikh de Chafi'i) et à travers Abou Said al-Samani, émanant d'Ali.

En clair, le récit d'al-Outbi du *tawassoul* de l'Arabe qui demanda pardon à la tombe du Prophète ﷺ est mentionné à plus d'un endroit dans les livres des savants des différentes écoles sur *ziyara* (visite de la tombe du Prophète à Médine) ou *manassik* (les rites du pèlerinage). Nul part dans ces livres, les savants ont rejeté le hadith ou l'ont considéré faible. Certains «Salafi» contemporains ont choisi de réfuter ce grade *mashhour*, mais ils ne sont pas fiables comme les sources précitées. Aucune importance n'est accordée au recours des «salafis» aux opinions singulières d'Ibn Tamiyya ou d'Ibn Abd al-Hadi qui ont dénigré l'authenticité du récit (par les écrits d'Ibn Jamaa).

Les sources rapportent aussi le récit d'Ibn Abi Foudayk, l'un des premiers savants de Médine et l'un des cheikhs de l'Imam Chafi'i qui dit:

> J'ai entendu l'une des autorités que j'ai rencontrée dire: «Il nous est parvenu que quiconque se tient debout à la tombe du Prophète ﷺ et récite: «Allah et Ses Anges prient pour le Prophète...» (33:56) et dit ensuite: «Qu'Allah te bénisse Ô Mouhammad (*sallal-*

---

[106] Ibn al-Jawzi, *Mouthir al-gharam al-sakin ila achraf al-amakin* p.490.
[107] Al-Bayhaqqi, *Chouab al-iman* #4178.
[108] Ibn Assakir, *Moukhtassar tarikh dimachq* 2:408.
[109] Ibn Hajar al-Haythami, *al-Jawhar al-mounazzam* [commentaire sur *Idah* de Nawawi]
[110] Ibn al-Najjar, *Akhbar al-Médine* p.147.

II. LA RECHERCHE DES MOYENS D'ACCES A ALLAH (TAWASSOUL) A TRAVERS LE PROPHETE ﷺ

llahou alayka ya Mouhammad)! Soixante dix fois, un ange l'appellera en disant: «Qu'Allah te bénisse, Ô untel! Aucun de tes besoins ne restera insatisfait».[111]

Le *mouhaddith* al-Samhoudi et autres rapportent aussi le récit de l'Arabe qui usa comme moyen d'approche le Prophète ﷺ dans sa tombe:

> Al-Asmai dit: Je vis un bédouin se tenir debout à la tombe du Prophète ﷺ disant: «Ô Allah! Voici ici Ton Bien-aimé, et je suis Ton serviteur, et Satan est Ton ennemi. Si Tu me pardonnes, Ton bien-aimé sera content, Ton serviteur aura la victoire, et Ton ennemi sera en colère. Si Tu ne me pardonnes pas, Ton bien-aimé sera triste, Ton ennemi sera satisfait, et Ton serviteur sera détruit. Mais Tu es plus noble, Ô mon Seigneur, de permettre à Ton bien-aimé d'être triste, Ton ennemi satisfait et Ton serviteur détruit. Ô Allah! Les nobles Arabes, lorsque l'un de leurs chefs meurt, affranchissent l'un de leurs esclaves à sa tombe en son honneur, et voici ici le guide des mondes; par conséquent, affranchi-moi à sa tombe Ô Le Miséricordieux des miséricordieux!» Al-Asmai dit: «Je lui dis: Ô

---

[111] Ibn Jamma le rapporta dans *Hidayat al-salik* 3:1382-1383, Ibn al-Jawzi dans *Mouthir al-gharam* p.487, Qadi Iyad dans *al-Chifa* et Bayhaqi dans *Chouab al-iman* (#4169).

frère des Arabes! Allah t'a sûrement pardonné et affranchi pour la beauté de cette requête».[112]

Al-Hafiz Ibn al-Jawzi[113]:

(Al-hafiz) Abou Bakr al-Minqari dit: j'étais avec (al-hafiz) al-Tabarani et (al-hafiz) Abou al-Cheikh (Abd Allah ibn Mouhammad al-Asbahani) dans la mosquée du Prophète ﷺ, ayant des difficultés. Nous avions très faim. Ce jour-là et le jour suivant, nous n'avions pas mangé. Lorsque ce fut le moment de la prière de nuit (icha), j'allai à la tombe du Prophète ﷺ et dit: «Ô Messager d'Allah! Nous avons faim, nous avons faim» (*ya rassoullallah al-jou al-jou*)! Puis je partis. Abou al-Cheikh me dit: «Assied toi. Soit on a de la nourriture, soit on meurt». Je m'endormis, et Abou al-Cheikh s'endormit. Al-Tabarani resta éveillé, cherchant quelque chose. Soudain, un Alawi (un descendant d'Ali) frappa à la porte, suivi de deux jeunes garçons, chacun ayant à la main deux paniers en feuilles de palmier pleins de nourriture. Nous nous asseyions et mangions. Nous pensions que les enfants reprendraient le reste de la nourriture, mais ils ne reprirent rien. Lorsque nous avions fini, le Alawi dit: «Ô gens! Etes-vous plaint au

---

[112] Rapporté par al-Samhoudi dans *Khoulassat al-wafa* (Médine, 1972) p.123 par Cheikh al-Islam Ibn Hajar dans son *Jawahir al-mounazzam* (Le Caire: Dar jawami al-kalim, 1992) p.126-127, et autres.

[113] Ibn al-Jawzi, *Kitab al-wafa* (p.818 #1536).

II. LA RECHERCHE DES MOYENS D'ACCES A ALLAH (TAWASSOUL) A TRAVERS LE PROPHETE ﷺ

Prophète ﷺ ? Je l'ai vu en rêve, et il m'a ordonné de vous envoyer quelque chose».

L'Imam Boukhari dit qu'il rédigea son livre biographique *al-tarikh al-kabir* sur les sous narrateurs de hadiths authentiques à la tombe du Prophète ﷺ, au clair de lune.[114]

Le *Mousnad* d'*Ahmad*, la compilation de l'Imam Ahmad de 30000 hadiths du Prophète ﷺ en majorité authentiques, fut tellement vénéré qu'il fut lu cinquante-six fois au sixième siècle par un groupe de pieux savants de hadith à la tombe du Prophète ﷺ à Médine[115]. Où peut-on trouver aujourd'hui une telle dévotion au Prophète ﷺ?

Ibn Hajar dit dans son *al-Dourar al-kamina* en référence à la note biographique de Souleyman ibn Sounayd ibn Nachwan qu'il fit quarante fois le pèlerinage. A la quarantième, il fut saisi de fatigue et s'endormit à côté de la Noble Tombe du Prophète ﷺ. A la suite de ceci, il vit le Prophète ﷺ qui lui dit: «Ô untel! Combien de fois es-tu venu, et tu n'as rien reçu de moi? Donne-moi ta main, et le Prophète ﷺ y écrit une supplication contre la fièvre qui, si toute fois je souffrais de la fièvre, me guérirait par la volonté d'Allah. Cette supplication est: «J'ai cherché refuge auprès d'un Maître qui ne juge jamais de manière injuste ni ne

---

[114] Rapporté par Ibn al-Jawzi dans *Sifat al-safwa* (4:147) et al-Soubki dans *Tabaqat al-chafiyya al-koubra* (2:216).

[115] Mouhammad Zoubayr Siddiqi, *Littérature de Hadith: Son Origine, Developpement, et Aspects Spéciaux* (Islamic Texts Society, 1993) p.51.

conduit sauf qu'à la victoire. Va-t'en de ce corps Ô fièvre! Après quoi ni douleur ni malaise ne s'en suit»[116].

---

[116] Ajlouni le mentionne dans *Kachf al-khafa* (#1175).

III. La Recherche des moyens d'accès (*Tawassoul*) à Allah à travers les Saints

Les preuves de recherche des voies pour se rapprocher (*tawassoul*) d'Allah à travers les saints sont aussi abondantes. L'ordre d'Allah aux croyants d'être en leur compagnie est on ne peut plus important lorsqu'Il dit: «*Ô croyants! Craignez Allah et soyez avec les véridiques!*» (9:119). *Il nous commande de suivre ceux qui s'inclinent vers Lui en sincère et complet repentir* (31:15). Le Prophète ﷺ dit à al-Firassi au sujet de demander auprès des gens: «Si tu dois absolument demander aux gens, demande aux vertueux» (*in kounta la boudda sailan fassal al-salihin*)[117]. Il n'y a aucun doute que visiter les personnes pieuses pour le *tawassoul* est une *sounna* en Islam.[118]

Certaines personnes pensent que si une supplication par un homme pieux est exaucée de son vivant, ce dernier ne peut être d'aucune aide s'il est mort comme si la personne pieuse ou le saint ou le Cheikh est à l'origine de cette aide. Au contraire, c'est toujours Allah qui est la source de la *baraka* et jamais un être humain. Ainsi, penser qu'Allah donne seulement lorsque le saint est en vie, et lorsqu'il décède Allah n'en fait plus, c'est dire que la source est la

---

[117] Rapporté par Ahmad dans le *Mousnad*, Abou Dawoud et al-Nassai dans leur *Sounan*. Al-Dhahabi dit: «Sa chaîne est bonne (*isnadouhou salih*). Voir Chahabi, *Moujam al-chouyoukh* (Taif: Maktabat al-siddiq, 1408/1988) 2:420 (#1028).

[118] Ceci est supporté par les chapitres à cet effet intitulés *Bab ziyarat al-salihin* dans les livres de l'étiquette et les invocations.

personne et non Allah! En réalité, c'est Allah qui accorde l'aide dans les deux cas: aussi bien aux vivants qu'aux morts.

Certains «Salafis» refusent la notion de recherche des bénédictions des saints après leur mort. Ces objections sont fondées sur la fausse croyance que l'influence d'Allah à travers les saints nécessite que les saints soient en vie. Comme mentionné précédemment, le don d'Allah aux saints est indépendant du fait qu'ils soient vivants ou mort dans la mesure où dans les deux cas le réel pouvoir appartient à Allah, et les saints ne sont que des moyens secondaires avec aucun pouvoir effectif en eux-mêmes. De plus, le point de vue des premiers Imams et ceux qui les suivirent et les savants cités dans les paragraphes à suivrent confirment aussi que les objections des «Salafis» au *tawassoul* à travers les saints après leur mort ne mérite aucun examen minutieux.

Croire aux *abdal* ou les saint-substituts tels qu'ils sont appelés fait partie de la croyance des Musulmans puisque le Prophète dit: «Aucun d'eux ne meurt sans qu'Allah ne substitue un autre à sa place», et ils sont parmi les leaders religieux de la Communauté[119]. Même Ibn Taymiyya, à la fin de son *Aqida wassitiyya*, écrit:

> Les vrais adhérents de l'Islam dans sa pureté originale sont les Sounnites. Dans leurs rangs figurent les saints véridiques (*siddiqin*), les martyres et les vertueux. Parmi eux se trouvent les grands leaders et guides illuminés et

---

[119] Voir #3 ci-dessus..

III. LA RECHERCHE DES MOYENS D'ACCES (TAWASSOUL) A ALLAH A TRAVERS LES SAINTS

intègres connus pour leur vertu. Les substituts (*abdals*) et les Imams de la religion sont parmi eux, et les Musulmans acceptent unanimement leurs opinions. Ceux-là sont les Groupes Victorieux au sujet desquels le Prophète ﷺ dit: «Un groupe au sein de ma Communauté continuera sûrement d'être sur la vérité. Ni ceux qui s'opposent à eux ni ceux qui les abandonnent ne leur causeront du tort, et ce jusqu'au Jour de la Résurrection[120]».

Dans plusieurs narrations authentiques, le Prophète ﷺ mit l'accent sur les bienfaits que reçoivent les êtres vivants à travers l'intercession des saints d'Allah et leur rang auprès de Lui. Souyouti fourni de plus amples exemples sur ce type d'intercession universelle telle que les suivantes:[121]

1. L'Imam Ahmad ibn Hanbal rapporte:

… Les gens de Sham furent mentionnés à Ali ibn Abi Talib lorsqu'il était en Iraq, et ils dirent: «Maudit-les, Ô Commandeur des Croyants!». Il répondit: «Non, j'ai entendu le Messager d'Allah dire: « Les substituts (*al-abdal*) sont à Sham, et ils sont au nombre de quarante hommes; Chaque fois que l'un d'eux meurt, Allah substitue un autre à sa place. Par eux, Allah fait descendre la pluie, donne la victoire

---

[120] Ibn Taymiyya, *Aqida wassitiya* (éd. Salafiyya) p.36.
[121] Souyouti dans sa *fatwa* sur les *abdal* dans son *Hawi li al-fatawi*.

(aux Musulmans) sur leurs ennemis et épargne la population de Sham de punition».[122]

Al-Haythami dit: «Les narrateurs dans sa chaîne sont tous du grade *sahih* sauf Charih ibn Oubayd, et il est fiable (*thiqa*)». Sakhawi mentionne cette narration dans son *Maqassid* et l'accepte.[123] Cependant, son opinion est que c'est plutôt une narration d'Ali lui-même.

2. Al-Hakim rapporte la narration suivante et le juge d'authentique (*sahih*). Dhahabi le supporte:

Ali dit: «Ne maudissez pas les gens de Sham, car parmi eux sont les Substituts (*al-abdal*), mais maudissez leurs injustices».

La narration ci-dessus est d'Ali et non attribuée au Prophète ﷺ. Notons cependant que toute connaissance religieuse qui ne peut être vérifiée à travers *ijtihad* et authentiquement transmise d'un des Compagnons est considérée un hadith d'après les experts de cette science.

3. Tabarani dit dans sa *Moujam al-awsat*:

Anas dit que le Prophète ﷺ dit: «La terre ne manquera jamais de la présence de quarante hommes similaires à l'Ami du Miséricordieux [Le Prophète Abraham ﷺ], et à travers eux les gens reçoivent pluie et aide. Aucun d'eux ne meurt sans qu'il ne soit remplacé». Qatada dit: «Nous n'avons aucun doute que al-Hassan [al-Basri] est l'un d'eux».

---

[122] Ahmad Ibn Hanbal, *Mousnad* (1:112).
[123] Sakhawi, *Maqassid* (p.33 #8).

III. LA RECHERCHE DES MOYENS D'ACCES (TAWASSOUL) A ALLAH A TRAVERS LES SAINTS

Ibn Hibban le rapporte à travers Abou Hourayra, disant: «La terre ne manquera jamais de la présence de quarante hommes similaires à Abraham ﷺ, l'Ami du Miséricordieux, et à travers eux vous recevez l'aide, subsistance et la pluie».[124]

4. L'Imam Ahmad rapporte aussi à travers Abd al-Wahhab ibn Ata:

Le Prophète ﷺ dit: «Les Substituts de cette communauté sont trente et sont comme Abraham ﷺ, L'Intime du Miséricordieux. Chaque fois que l'un d'eux meurt, Allah substitue un autre à sa place». Ahmad dit: «Une autre version est rapportée d'Abd al-Wahhab, mais cette narration est dénoncée (*mounkar*)».[125]

5. Abou Dawwoud, à travers trois bonnes différentes chaînes: L'Imam Ahmad, Ibn Abi Chayba, al-Hakim et Bayhaqi rapportèrent:

Oumm Salama, la femme du Prophète ﷺ dit: «Le désaccord apparaîtra à la mort d'un Calife, et un homme de Médine se dirigera vers la Mècque. Des gens de la Mècque lui viendront, le ferons sortir contre sa volonté et lui

---

[124] Ibn Hibban, *al-Tarkh*.
[125] L'Imam Ahmad (5:322). Hakim Tirmidhi le cite dans *Nawadir al-ousoul* et le disciple d'Ahmad al-Khallal dans son *karamat al-awliya*. Haythami dit que ses narrateurs sont des gens de *sahih* sauf Abd al-Wahid qui fut déclaré fiable par al-Ijli et Abou Zara (aussi bien que Yahya ibn Main). Il est l'un des narrateurs de l'Imam Mouslim de même que Tirmidhi.

prêterons serment d'allégeance entre l'Angle et le *maqqam*. Ensuite, un régiment sera lancé contre lui à partir de Sham mais sera englouti dans le désert entre Médine et la Mècque, et lorsque les gens verront cela, les Substituts (*abdal*) de Sham et les meilleurs gens (*assaba*) d'Iraq viendront lui prêter serment d'allégeance...»[126]

6. L'Imam Ahmad, Ibn Abi al-Dounya, Abou Nouaym, Bayhaqi, et Ibn Assakir rapportent de Joulays:

Wahb ibn Mounabbih dit: Je vis le Prophète ﷺ dans mon sommeil, et je dis: «*Ya rassoul Allah!* Où sont les Substituts (*boudala*) de ta Communauté?» Il gesticula ses doigts en direction de Sham. Je demandai: «*Ya rassoul Allah!* Y en a t-il en Iraq?» Il dit: «Oui, Mouhammad ibn Wassi, Hassan ibn Abi Sinan et Malik ibn Dinar qui ressemble à Abou Dharr en son temps».[127]

7. Nawawi mentionne que le maître de hadith Hammad ibn Salama ibn Dinar (d.167) était considéré comme l'un des *abdal*. Sakhawi, dans sa note sur les narrations des *abdal* en fit cas:

---

[126] Abou Dawoud, *Sounan*, English #4273; l'Imam Ahmad, *Mousnad* 6: 316; Ibn Abi Chayba, *Moussannaf*.
[127] L'Imam Ahmad, *Kitab al-zouhd*.

III. LA RECHERCHE DES MOYENS D'ACCES (TAWASSOUL) A ALLAH A TRAVERS LES SAINTS

Ce qui rend ce hadith authentique et son usage courant parmi les Imams est la déclaration de notre Imam, al-Chafi'i, concernant un homme: «Nous le considérons être l'un des abdal», et la déclaration de Boukhari au sujet d'un autre: «Ils ne doutèrent pas qu'il fut l'un des *abdal*», et d'autres à part ces deux parmi les grands savants intègres, maîtres de hadiths et Imams [tels que Qatada, voir ci-dessus] employèrent aussi cette même description concernant d'autres personnes, déclarant qu'elles étaient du groupe des *abdal*[128].

Il est très révélateur de constater que dans leurs références péjoratives aux *abdal*, les «Salafis» n'ont jamais mentionné les rapports authentiques des savants ci-dessus cités, mais au contraire, ils se content de mentionner seulement les narrations les plus faibles qui passent dans leurs mains, négligeant ce qui a été établi d'authentique[129]. Ils contredisent leur propre Imam, Ibn Taymiyya, et son affirmation que les « Substituts (*abdal*) et les Imams de la religion sont parmi eux [les vrai adhérents de l'Islam dans sa pureté originale], et les Musulmans accèptent unanimement leurs opinions».[130]

Les hadiths des *abdal* de Sham sont confirmés par le haut statut attribué à Sham dans les hadiths du Voyage Nocturne du Prophète ﷺ (*isra et miraj*). Le Prophète ﷺ appela Sham la plus pure des terres d'Allah; la place où trouver la

---

[128] Nawawi, *Boustan al-arifin*, Sakhawi, 198 éd.p.31.
[129] Tels que 1, 2, 3, 4, 5, et 7 précités.
[130] Nawawi, *Aqida wassitiyya*.

religion, la croyance et le salut en temps de confusion, et le foyer des saints par lesquels Allah donne subsistance aux croyants et victoire sur leurs ennemis.

1. Ibn Assakir rapporte d'Ibn Massoud que le Prophète ﷺ compara le monde à une petite eau sur un plateau de montagne dont la limpidité (*safw*) avait déjà été bue et dont la lie (*kadar*) seulement restait[131]. Al Houwjiri et al-Qouchayri le mentionnent dans leurs sections sur le *tassawwouf*[132]. Ibn al-Athir définit *safw* et *safwa* comme «la meilleure de toute matière, sa quintessence et sa partie la plus pure[133]». La quintessence dont parle le Prophète ﷺ est Sham parce qu'il appela Sham «la quintessence des terres d'Allah» (*safwat Allah min biladih*)[134].

2. Abou al-Darda rapporta que le Prophète ﷺ dit:

Pendant que je dormais, je vis une colonne du Livre sous ma tête s'éloigner. J'eus peur qu'elle puisse disparaître, alors je la suivis des yeux et vis qu'elle fut plantée à Sham. En vérité, en temps de confusion, la foi sera à Sham.

---

[131] Ibn Assakir dans *Tahdhib tarkh dimachq al-kabir*.
[132] Al-Houjwiri, *Kachf al-mahjoub* et *al-Qouchayri, al-Rissala al-Qouchayriyya*.
[133] Ibn al-Athir dans son dictionnaire *al-Nihaya*.
[134] Tabarani la rapporta d'Irbad ibn Sariya et Haythami authentifia la chaîne de transmission dans son livre *Majma al-zawaid*, chapître intitulé *Bab fadail al-sham*;

III. LA RECHERCHE DES MOYENS D'ACCES (TAWASSOUL) A ALLAH A TRAVERS LES SAINTS

Haythami dit qu'Ahmad rapporta ce récit à travers une chaîne dont les narrateurs sont tous des gens de *sahih* ou narrations authentiques, et que al-Bazzar le rapporta avec une chaîne dont les narrateurs sont des gens de hadith authentique à l'exception de Mouhammad ibn Amir al-Antaki, et il est fiable (*thiqa*).

Dans la version de Tabarani rapportée par Ibn Amr, le Prophète ﷺ répète trois fois: «Lorsque la confusion s'installera, la foi sera à Sham[135]». Un manuscrit contient: «La salut sera à Sham». Al-Haythami dit que les gens dans cette chaîne sont des gens de hadith authentique sauf Ibn Lahia, et il est bon (*hassan*).

1. Al-Tabarani rapporte d'Abd Allah ibn Hawala que le Prophète ﷺ dit:

   La nuit où je fus transporté, je vis une colonne blanche ressemblant à une perle que les anges transportaient. Je leur dis: « Que transportez-vous?» Ils répondirent: «La Colonne du Livre. Nous avons été ordonné de la placer à Sham». Plus tard dans mon sommeil, je vis que la Colonne du Livre fut enlevée de sous mon oreiller (*wissadati*). Je commençai à m'inquiéter de peur qu'Allah Le Tout Puissant ait abandonné les habitants de la terre. Mes yeux la suivirent. Ce fut une lumière brillante devant moi. Et je vis qu'elle fut placée à Sham». Abd Allah ibn Hawala dit: «Ô Messager

---

[135] Tabarani, *Moujam al-kabir* et *al-Moujam al-awsat*.

d'Allah! Montre-moi (où aller)». Le Prophète ﷺ dit: «*alayka bi al-sham* – Tu dois aller à Sham»[136].

Cheikh Abd al-Qadir Jilani dit:

Et il dit (qu'Allah soit satisfait de lui): Lorsque le serviteur d'Allah est confronté à une épreuve, il essaie d'abord de s'en échapper par ses propres moyens, et quand cela échoue, il cherche l'aide auprès des gens tels que les rois, les autorités, le commun des gens, les riches, et dans le cas de maladie et de souffrance physique, ce sont les médecins et les docteurs; mais s'il ne peut pas s'en tirer avec ceux-ci, il se tourne alors vers son Créateur et Seigneur, le Très Haut et Puissant, s'adressant à Lui en prière et humilité ainsi que par des louanges.

Aussi longtemps qu'il trouve ses ressources en lui-même, il ne se penche pas vers les gens, et aussi longtemps qu'il trouve ses ressources avec les gens, il ne se tourne pas vers son Créateur. Et s'il ne reçoit aucune aide d'Allah, il se jette en Sa présence et continue dans cet état, prit de peur et d'espoir, sollicitant et priant humblement, suppliant, louant et soumettant ses besoins. Allah, par contre, l'épuise dans sa prière et ne l'accepte pas jusqu'à ce qu'il soit complètement déçu de tous les moyens mondains. Le décret et l'œuvre

---

[136] Al-hafiz al-Haythami dit dans *Majma al-zawaid*: «Les narrateurs dans sa chaîne de transmission sont tous ceux de hadith authentique sauf Salih ibn Roustoum et il est *thiqa* (digne de confiance)».

III. LA RECHERCHE DES MOYENS D'ACCES (TAWASSOUL) A ALLAH A TRAVERS LES SAINTS

d'Allah se manifestent à ce moment-là à travers lui, et ce serviteur d'Allah se passe de tous les moyens, activités et efforts mondains et ne conserve que son âme.

A ce stade, il ne voit rien sauf l'œuvre d'Allah, et il devient par la force des choses un croyant en l'unicité d'Allah (*tawhid*) au degré de certitude, c'est-à-dire qu'en réalité, il n'y a personne qui agit sauf Allah et aucune force motrice ou d'immobilisation sauf par Lui, et aucun bien ni mal, aucune perte ni gain, aucun bénéfice ni don, aucun refus, et aucune ouverture ni fermeture et pas de mort ni de vie, et aucun honneur ni déshonneur, et aucune richesse ni pauvreté, si ce n'est dans la main d'Allah..

Ensuite, en présence d'Allah, il devient comme un nourrisson dans les mains de sa nourrice et comme un corps sans vie aux mains de celui qui lui donne un bain funèbre et comme une balle au maillet d'un joueur de polo, dans la mesure où il ne fait que pivoter, rouler et changer constamment de position et de condition, et il ne ressent aucune force en lui-même ni en personne autour de lui pour réaliser tout mouvement. De ce fait, il s'efface et s'anéanti dans l'œuvre de son Maître.

Ainsi, il ne voit rien sauf son Maître et Son œuvre, il n'entend ni ne comprend rien sauf Lui. S'il voit quelque chose, c'est Son œuvre, et s'il entend ou connaît quelque chose, il entend Sa parole et connaît à travers Sa connaissance et est récompensé avec Ses faveurs et devient chanceux à travers Sa proximité et à travers Sa proximité il est décoré, honoré et content, réconforté et satisfait avec Sa promesse, et il est attiré par Sa parole, et il a de l'aversion pour tout ce qui est autre que Lui, et il désire et compte sur Son rappel, et il s'affermit en Lui, le Grand et Puissant, et il compte sur Lui et est dirigé par, et s'habille et se pare de la Lumière de Sa connaissance et est instruit des rares éléments de Sa connaissance et des secrets de Son pouvoir et il entend et se rappelle seulement que de Lui, le Grand, le Puissant, se faisant, il Lui adresse ses remerciements et ses louanges et prie.[137]

L'Imam Ibn Hajar al-Haytami dit:

Lorsque l'Imam al-Chafi'i était à Baghdad, il visita la tombe de l'Imam Abou Hanifa, lui transmit son *salam* et à travers lui, demanda à Allah de satisfaire son besoin (*yatawassal ilallah taala bihi fi qada hajatihi*)[138].

---

[137] Abd al-Qadir Jilani dans le Troisième Discours de son chef-d'œuvre *Foutouh al-ghayb*, adapté légèrement de la traduction de 1958 de M. Aftab-oud-Din Ahmad publié à Lahore.

[138] Al-Haytami, *al-Khayrat al-hissan* (Caire: al-Halabi, n.d.) p.63. Il est aussi rapporté que l'Imam Ahmad fit le *tawassoul* à travers l'Imam Chafii jusqu'au point que son fils Abd Allah exprima sa surprise et Ahmad répliqua: «Al-Chafii est comme le soleil pour les gens et comme la santé

III. LA RECHERCHE DES MOYENS D'ACCES (TAWASSOUL) A ALLAH A TRAVERS LES SAINTS

L'Imam Kawthari mentionna que le *hafiz* al-Khatib al-Baghdadi rapporta le *tawassoul* de l'Imam Chafi'i à travers Abou Hanifa avec une bonne chaîne[139].

Haythami dit aussi dans plusieurs pages dans ses livres[140]:

> L'Imam Chafi'i fit *tawassoul* à travers la famille du Prophète ﷺ (*Ahl al-Bayt*) lorsqu'il dit: «La famille du Prophète ﷺ est mon moyen et mon intermédiaire à lui. A travers eux, j'espère recevoir demain mon livre à la main droite (*al al-nabi dhariati wa houm ilayhi wassilati arjou bihim outa ghadan bi yadi al-yamini sahifati*)[141].

Le *hafiz* al-Iraqi rapporte avec sa chaîne:

> Nous rapportons que l'Imam Ahmad rechercha des bénédictions en buvant l'eau qui servit à laver l'habit de l'Imam Chafi'i, et Ibn Taymiyya lui-même le rapporta[142].

Al-Khatib rapporte que le *hafiz* Abou Nouaym considère qu'il incombe à tous les Musulmans de louer Allah dans leurs prières pour Abou Hanifa du fait qu'il préserva la

---

pour le corps». Lorsque l'Imam Chafii a su que les gens du Maghrib firent du *tawassoul* vers Allah à travers l'Imam Malik, il ne s'y opposa pas.

[139] Imam Khawtari, *Maqalat* (p.412) et al-Baghdadi au debut se son *Tarikh Baghad* (1:123).

[140] Haythami, *al-Sawaiq al-mouhriqa li ahl al-dalal wal-zandaqa* (cf.p.180) et *al-Khayrat al-hissan* (p.69).

[141] Ce récit est aussi disponible dans *Diwan al-Chafii* édité par Oumar Farouq al-Dabbagh (Béirout: Dar al-arqam, n.d.) p.50.

[142] Al-Iraqi, *Fath al-moutaal*.

sounna et le *fiqh* du Prophète ﷺ. Ceci s'explique par le fait que parmi les actes les plus méritoires d'Abou Hanifa, figure sa qualité d'être le premier à avoir compilé un livre de jurisprudence (*fiqh*) en Islam[143].

Al-hafiz Abou Ali al-Ghassani rapporte:

Abou al-Fath Nasr ibn al-Hassan al-Sakani al-Samarqandi vint à nous en 464 et dit: «Nous avions une sécheresse à Samarqand il y a quelques années. Les gens firent la prière *istisqa* (prière pour la pluie) mais ne reçurent rien. Un saint du nom al-Salah vint au juge et lui dit: «J'ai une idée que je voudrais vous suggérer. Mon idée est que vous sortez suivi par les gens, et que tous, allez à la tombe de l'Imam Mouhammad ibn Ismael al-Boukhari pour faire la prière *istisqa*. Peut-être qu'Allah nous accordera la pluie». Le juge dit: «Quelle bonne idée vous avez!» Il sortit, suivi par les gens, et il les dirigea en prière et rechercha l'intercession de l'occupant de la tombe, pendant que les gens étaient en larmes. Allah envoya une telle pluie que ceux qui étaient à Khartenk (où cet événement eut lieu, à 5 kilomètres de Samarqand) ne purent atteindre Samarqand pendant sept jours[144].

---

[143] Souyouti, *Tabyid al-sahifa* (éd. 1413/1992) p.161.
[144] Ibn al-Soubki, *Tabaqat al-chafiiyya* 2:234.

III. LA RECHERCHE DES MOYENS D'ACCES (TAWASSOUL) A ALLAH A TRAVERS LES SAINTS

Le défunt *moufti* du Liban, al-Chahid al-Cheikh Hassan Khalid dit:

> Le *tawassoul* fut déclarée permissible en notre temps par le *moufti* du monde, notre cheikh, le savant Abou al-Yousr Abidin. Nous allâmes avec lui à Nawa, une place à Hawran où est enterré le Cheikh Mouhyiddin al-Nawawi. Lorsque nous arrivâmes à sa tombe, notre Cheikh Abou al-Yousr nous ordonna de demander ce dont nous avons besoin à Allah l'Exalté en sa présence, et nous dit: «La *doua* (la supplication) à sa tombe est exaucée[145]».

Ibn al-Jawzi, dans ses biographies des saints intitulées *Safat al-safwa*, énumère plusieurs tombes de ceux où le *tabarrouk* (recherche des bénédictions) et le *tawassoul* sont recommandés. Parmi elles:

> Abou Ayyoub al-Ansari: «Al-Waqidi dit: il nous est parvenu que les Romains Orientaux visitaient sa tombe et demandaient la pluie à travers son intercession lorsqu'ils souffraient de sécheresse». Moujahid dit: «Les gens laissaient à découvert l'espace au-dessus de sa tombe et aussitôt il se mettait à pleuvoir»[146].

> Marouf al-Karkhi (d.200H): «Sa tombe est à Baghdad, et les gens y vont pour rechercher des bénédictions. *Al-Hafiz* Ibrahim al-Harbi

---

[145] Al-Chahid al-Cheick Hassan Khalid dans sa *fatwa* sur le *tawassoul* le 16 Septembre 1980 (reproduite dans l'édition de Qaf Ikhlas offset du livre *Fitnat al-wahhabiyya* 1992 de Sayyid Ahmad ibn Zayni Dahlan.

[146] Ibn al-Jawzi, *Sifat al-safwa* (1:243).

(d.285H) – Le compagnon de l'Imam Ahmad – dit: «La tombe de Marouf en elle-même est un remède[147]».

Ibn al-Jawzi ajouta: «Nous même allions à la tombe d'Ibrahim Marouf pour rechercher des bénédictions[148]».

Al-hafiz al-Dhahabi relata aussi au sujet d'Ibrahim Harbi que ce dernier dit à propos de Marouf al-Karkhi: «La tombe de Marouf est sûrement un remède[149]».

Abou al-Hassan al-Daraqoutni dit: «Nous avions l'habitude de rechercher des bénédictions à la tombe d'Abou al-Fath al-Qawassi[150]».

Abou al-Qassim al-Waiz: «Sa tombe est reconnaissable dans le cimetière de Ahmad ibn Hanbal, et c'est un lieu pour obtenir des bénédictions». Ce récit est rapporté dans la note sur Abd al-Samad ibn Oumar ibn Mouhammad ibn Ishaq[151].

Al-hafiz Abou al-Qassim Ibn Assakir dit dans son *Mousnad* (1:430): «Abou Abd Allah Mouhammad ibn Mouhammad ibn Oumar al-Saffar me dit que la tombe d'Abou Ouwana à

---

[147] *Ibid.*(2:214).
[148] *Ibid.* (2:410).
[149] Al-Dhahabi, *Siyar alam al-noubala* (9:343).
[150] *Ibid.* (2:471).
[151] *Ibid.* (2:482).

III. LA RECHERCHE DES MOYENS D'ACCES (TAWASSOUL) A ALLAH A TRAVERS LES SAINTS

Isfarayin [près de Naishabour] est un lieu de visite pour le monde entier (*mazar al-alam*) et une source de bénédictions pour l'entière création (*moutabarrak al-khalq*)».

Al-Hafiz Diya al-Din al-Maqadissi al-Hanbali dit qu'il entendit le *hafiz* Abd al-Ghani al-Maqdissi al-Hanbali dire que quelque chose comme un abcès apparut sur son avant bras pour lequel aucun remède ne fut efficace[152]. Il vint à la tombe d'Ahmad ibn Hanbal sur laquelle il frotta son bras, après quoi il fut guéri. L'Imam Kawtari dit qu'il lut ce récit écrit des mains de Diya al-Din[153].

1. Ceux qui ont quitté cette vie ont-ils connaissance des affaires des vivants?

Ibn Qayyim rapporte avec sa chaîne, d'Ibn al-Moubarrak, sur l'autorité d'Abou Ayyoub que ce dernier dit:

Les œuvres des vivants sont claires aux morts. Toutes les fois qu'ils voient une bonne action, ils se réjouissent et sont contents; mais s'ils voient une action ignoble, ils disent: «Ô Allah! Renvoie son équivalent en bonne action[154]».

---

[152] Al-hafiz Diya al-Din al-Maqdissi al-Hanbali, *al-Hikayat al-manouthoura* (Zahiriyya ms.98, un autographe.

[153] Kawthari, *Maqalat al-kawthari* (Riyadh et Béirout: Dar al-ahnaf, 1414/1993) p.407,412.

[154] Ibn Qayyim, *Kitab al-rouh*.

L'Intercession

Ibn Qayyim et Ibn Abi al-Dounya rapportèrent qu'Abbad ibn Abbad fit appel à Ibrahim ibn Salih lorsqu'il était le gouverneur de la Palestine et dit: «Exhorte-moi». Il répondit: «Avec quoi veux-tu que je t'exhorte? Qu'Allah te guide! J'ai entendu que les œuvres des vivants sont aussi claires comme le jour à leurs parents morts. Pense alors à ton œuvre qui est présentée au Messager d'Allah». Ibrahim pleura jusqu'à mouiller sa barbe[155].

L'Imam Souyouti a un chapitre entier consacré à ce sujet et intitulé «L'exhibition des œuvres du vivant au défunt»[156]. Dans ce chapitre, il énumère quinze hadiths et récits des Compagnons:

1. Ahmad dans son *mousnad*, al-Hakim al-Timidhi dans *Nawadir al-oussoul* et Ibn Mindah relatèrent d'Anas que le Prophète ﷺ dit: «Vos actions sont exposées à vos parents et vos ancêtres parmi les morts. Si elles sont bonnes, ils en sont fiers, dans le cas contraire, ils disent: «Ô Allah! Ne les laisse pas mourir sans que Tu les guides comme Tu nous as guidés».

2. Al-Tayalissi dans son *Mousnad* relatèrent de jabir ibn Abd Allah que le Prophète ﷺ dit: «Vos actions sont exposées à vos parents et vos ancêtres dans leurs tombes. Si elles sont bonnes, ils s'en réjouissent, si

---

[155] *Ibid* et ibn Abi al-Dounya dans *Kitab al-qoubour*.
[156] Souyouti, *Charh al-soudour* (p.263-266).

III. LA RECHERCHE DES MOYENS D'ACCES (TAWASSOUL) A ALLAH A TRAVERS LES SAINTS

c'est le contraire, ils disent: «Ô Allah! Inspire-les à t'obéir».

3. Ibn al-Moubarrak et Ibn Abi al-Dounya dans *Kitab al-qoubour* rapportèrent d'Abou ayyoub: «Vos œuvres sont exposées aux morts, qui, s'ils y voient du bien s'en réjouissent et s'ils y voient de la disgrâce disent: «Ô Allah! Donne-leur une autre opportunité».

4. Ibn Abi Chayba dans son *mounassaf*, al-hakim al-Tirmidhi et Abi al-Dounya rapportèrent d'Ibrahim ibn Mayssara que lorsque Abou Ayyoub partit pour la conquête de Constantinople, il passa par un conteur qui disait: «L'œuvre d'un serviteur au matin est exposé avant la soirée à ceux qui le connaissent dans l'au-delà, et son œuvre en fin de journée leur est exposé le lendemain matin». Abou Ayyoub dit: «Fait attention à ce que tu dis». Il répliqua: «Par Allah! c'est exactement comme je le dis». Abou Ayyoub dit: «Ô Allah! Je cherche refuge en Toi de peur que Tu exposes ma honte à Oubada ibn al-Samit et sad ibn oubada au sujet de ce que j'ai fait après eux».

5. Al-Hakim al-Tirmidhi cita dans *Nawadir al-Oussoul* le hadith d'Abd Ghafour ibn et al-Aziz qui le reçut de son père qui le reçut de son grand-père, où le Prophète ﷺ dit: «L'on

a ses œuvre exposées à Allah le lundi et jeudi, et elles sont exposées aux prophètes ainsi qu'aux pères et mères les Vendredis qui se réjouissent de ces bonnes actions; lesquelles augmentent la clarté et la lumière de leurs visages. Par conséquent, ayez peur d'Allah et ne faites pas de tort à vos morts.

6. Al-Hakim al-Tirmidhi cita, de même qu'Ibn Abi al-Dounya[157] et Bayhaqi[158] de la part de al-Nouman ibn Bachir: «J'ai entendu le Prophète ﷺ dire: «Allah! Allah! [Craignez-le] concernant vos parents parmi les habitants des tombes, car vos actions leurs sont exposées».

7. Ibn Abi al-Dounya et al-Asbahani dans *al-Targhib* citèrent d'Abou Hourayra que le Prophète ﷺ dit: «Ne faite pas honte à vos défunts avec vos mauvaises actions, car vos actions sont exposées à vos parents parmi les habitants des tombes».

8. Ibn Abi al-Dounya, Ibn Mindah et Ibn Assakir rapportèrent d'Ahmad ibn Allah ibn Abi al-Hawari: «Mon frère Mouhammad ibn Abd Allah me rapporta que Abbad al-Khawass alla voir Ibrahim ibn Salih al-Hachimi lorsque ce dernier était gouverneur de Palestine. Ibrahim dit:

---

[157] Al-Hakim al-Tirmidhi, Livre des Rêves (*Kitab al-manamat*).
[158] Bayhaqi, *Chouab al-iman*.

III. LA RECHERCHE DES MOYENS D'ACCES (TAWASSOUL) A ALLAH A TRAVERS LES SAINTS

«Donne-moi un conseil». Il répondit: «J'ai appris que les œuvres des vivants sont exposées à leurs parents parmi les défunts. Par conséquent, fait attention à ce qui est exposée de tes œuvres au Prophète ﷺ».

9. Ibn Abi al-Dounya cita d'Abou al-Darda qu'il avait l'habitude de dire: «Ô Allah! Je cherche refuge en Toi de peur que mon oncle maternel Abd Allah ibn Rawaha ait horreur de moi lorsque je le rencontrerai».

10. Ibn al-Moubarak et al-Asbahani citèrent d'Abou al-Darda qu'il dit: «Vos actions sont exposées aux défunts sur quoi ils se réjouissent ou sont tristes », puis il dit: «Ô Allah! Je cherche refuge en Toi pour ne pas commettre une action qui déshonorera Abd Allah ibn Rawada».

Cet Abd Allah ibn Rawaha al-Ansari était le petit-fils du poète Imrou al-Qays et était lui-même un grand poète parmi les Compagnons. Il dit au sujet du Prophète ﷺ:

> *Law lam takoun fihi ayatoun moubina lakana manzarouhou younabbiouka bi al-khabari (même s'il n'y avait pas des signes et des preuves claires à son sujet, toujours est-il qu'à le voir tu aurais été convaincu).*

Rapporté par Ibn Hajar qui dit: «C'est le plus beau poème qui fait l'éloge du Prophète ﷺ[159]».

---

[159] Ibn Hajar, *al-Issaba* (2:299).

Ibn Sayyid al-Nas dit à propos d'Ibn Rawaha:

Il mourut comme un martyre le jour de Mouta, le vendredi 8, avant la conquête de la Mècque. Ce jour-là, il était l'un des commandants. Il fut l'un des poètes qui firent de bonnes œuvres et qui repoussait du Prophète ﷺ les dangers. Ce fut à leur sujet, lui et ses deux amis Hassan (ibn Thabit) et Kab (ibn Zoubhayr) que fut révélé le verset: «*Sauf ceux qui croient et font de bonnes œuvres et invoquent abondamment Allah*».

Hicham ibn Ourwa rapporta de son père:

Je n'ai jamais vu quelqu'un d'aussi agressif ou rapide en poésie qu'Abd Allah ibn Rawaha. J'ai entendu un jour le Messager d'Allah lui dire: «Récite quelque vers appropriés à ce moment pendant que je te regarde». Il se leva et dit:

inni tafarrastou fika al-khayra arifouhou
  wallahou yalamou anna ma khanani al-bassarou
anta al-nabiyyou wa man youhramou chafaatahou
  yawma al-hissabi laqad azra bihi alqadarou
fa thabbat allahou ma ataka min hassanin tathbita
moussa wa ataka min hassanin
  tathbita moussa wa nasran kalladhi noussirou

Je perçois pour toi immense bonté dont je suis certain.

Allah sait que ma vision ne me trahit jamais.
Tu es le Prophète ﷺ; et quiconque est privé de ton intercession

Au Jour des Comptes, son destin est déshonneur.
Qu'Allah raffermisse tous les bienfaits qu'Il t'a accordés.

Avec une fermeté comme celle de Moïse et la même victoire.

Après avoir écouté cette poésie, le Prophète ﷺ lui dit: «A toi de même, qu'Allah te raffermisse, Ô Ibn Rawaha!» Hicham ibn Ourwa continue: En vérité, Allah l'a affermi avec la fermeté la plus loyale. Il rendit l'âme en tant que martyre, et le paradis lui fut ouvert, et il y entra. Ainsi prend fin le récit d'Ibn Sayyid al-Nas. La paix et les bénédictions sur le Prophète ﷺ, sa famille et Ses Compagnons[160].

3. Ibn al-Moubarak rapporte aussi de Outhman ibn Abd Allah ibn Aws que Said ibn al-Joubayr lui dit: «Permets moi de visiter la fille de mon frère – la femme d'Outhman et fille d'Amr ibn Aws – ce qu'il fit. Il entra et lui demanda: «Comment ton époux te traite? Elle répondit: «Il fait son maximum». Il dit ensuite: «Ô Outhman! Prend soin d'elle, car il n'y a rien que tu lui fasses qui n'arrive pas à Amr ibn Aws». Outhman dit: «Les

---

[160] Ibn sayyid al-Nas, *Minah al-madh* p.166 et Les Poètes 26:227.

nouvelles des vivants parviennent-elles aux morts?» Il dit: «Oui, il n'y a personne ayant un ami intime [parmi les défunts] dont les nouvelles des proches ne lui parviennent pas. Si elles sont bonnes, il se réjouit et est réconforté, et si elles sont mauvaises, il est triste et éperdu».

4. Ibn Abi al-Dounya cita à travers Abou Bakr ibn Iyash le récit suivant d'un creuseur de tombe qui était avec les Banou Assad et qui dit: «Une nuit, je passais parmi les tombes et j'entendis quelqu'un dans une tombe dire: «Ô Abou Abd Allah! Et un autre répondit: «Qu'est ce qui se passe Ô Jabir?» Il dit: «Demain, notre mère nous rendra visite». L'autre répliqua: «En quoi cela lui serait utile? Qu'elle ne s'emmène pas, car mon père s'est mis en colère contre elle et jure qu'il ne prierait pas sur elle». Le lendemain, un homme vint et me dit: «Creuse-moi une tombe entre ces deux-là», montrant les tombes d'où j'entendis les voix. A la suite de quoi je lui dis: Est-ce le nom de celui-ci Jabir et l'autre Abd Allah ? Il dit: «Oui». Alors je lui rapportai ce que j'entendis. Le monsieur dit: Oui, j'avais juré ne pas prier sur elle, mais je renonce à mon serment, je prierai sur elle».

5. Abou Nouaym rapporta d'Ibn Massoud que ce dernier dit: «Entretient les liens avec ceux dont ton père était ami, car c'est de cette manière que les liens sont maintenus au nom des défunts dans leurs tombes».

III. LA RECHERCHE DES MOYENS D'ACCES (TAWASSOUL) A ALLAH A TRAVERS LES SAINTS

6. Ibn Hibban rapporta d'Ibn Oumar que le Prophète ﷺ dit: «Quiconque désire maintenir des liens avec son père dans sa tombe, qu'il entretienne les liens avec les frères de son père après sa mort».

Abou Dawoud et Ibn Hibban rapportèrent d'Abou oussayd al-Saidi qu'un homme vint au Prophète ﷺ et demanda: «Ô Messager d'Allah! Ai-je toujours un devoir de piété vis-à-vis de mes deux parents après leur décès? Il dit: «Oui, quatre aspects de piétés filiales restent en vigueur: prier pour eux, respecter les promesses qu'ils ont faites, honorer leurs amis et maintenir les liens avec ceux que tu connais par leur biais».

2. Les Intermédiaires à Allah

Les croyants peuvent s'adresser à Allah avec ou sans un intermédiaire quoiqu'en vérité il y a toujours plusieurs facteurs qui sont impliqués, à savoir: l'état personnel, le degré de foi, la piété, les actes commis, la sincérité, etc.… Il est erroné de croire qu'une personne qui s'adresse à Allah à travers un intermédiaire a associé autre chose à Allah dans son adoration. Le Prophète ﷺ expliqua ceci à ses Compagnons une fois pour toute lorsqu'il dit à Abou Bakr al-Siddiq: «L'aide n'est pas recherchée (c'est-à-dire en réalité) avec moi; mais auprès d'Allah[161]». Il n'a pas dit à Abou Bakr: «Me demander est interdit et constitue une association à Allah». Le sens du hadith du Prophète ﷺ est

---

[161] Souyouti, *Jami al-ahadith* 496 #2694. Haythami dans *Majma al-zawaid*: Tabarani le rapporta et ses transmetteurs sont ceux de hadiths authentiques sauf Ibn Louhay qui est digne de confiance (*hassan*).

qu'il n'est pas la source de l'aide mais seulement l'intercesseur le plus efficace pour obtenir l'aide d'Allah.

Le sens du hadith est clarifié par le verset du Coran:

> «*Et lorsque tu lançais, ce n'est pas toi qui lançais, mais c'est Allah qui lançait*» (8:17) et: «*Ceux qui te prêtent serment d'allégeance ne font que prêter serment à Allah* » (48:10).

Encore, le Prophète ﷺ dit: «Ce n'est pas moi qui vous ai supporté mais c'est Allah qui vous supporta[162]».

Ainsi le sens du hadith «L'aide n'est pas sollicitée avec moi» est:

> (Même si je suis celui qui est sollicité en apparence pour l'aide), je ne suis pas celui à qui l'aide est demandée, en fait c'est Allah Lui-même qui est sollicité.

Le hadith «l'aide n'est pas sollicitée avec moi» doit être par conséquent interprété à la lumière du fait que demander de l'aide s'applique à quiconque de qui vient l'aide, spécialement dû au principe de causalité et d'acquisition (ou causes secondaires). Ceci est le sens du texte en Arabe et c'est ce que la Charia permet. Cette définition est supportée par le hadith dans Boukhari (*Kitab al-tawid*) qui discute de l'intercession au Jour de la Résurrection où les gens rechercheront l'aide d'Adam ﷺ, de Moïse ﷺ, puis de Mouhammad ﷺ qui répond: «Je peux le faire».

---

[162] Boukhari et Mouslim.

III. LA RECHERCHE DES MOYENS D'ACCES (TAWASSOUL) A ALLAH A TRAVERS LES SAINTS

Il est important de comprendre que ce n'est pas le Prophète ﷺ qui est l'objet ultime de la supplication ni celui qui l'exauce. Au contraire, il est le meilleur moyen de présenter un appel et de le faire accepter par Allah. Ceci est clair dans la prière du Prophète ﷺ adressée à Allah dans les deux hadiths suivants: «A travers Ton Prophète ﷺ et les prophètes qui m'ont précédé» et «A travers ceux qui demandent» dans les deux hadiths suivants:

> Sur l'autorité d'Abou Said al-Khoudri – qu'Allah soit satisfait de lui: Il rapporte que le Messager d'Allah dit: «Celui qui sort de son domicile pour se rendre à la prière et dit: «Ô Allah! Je Te demande par le droit exclusif de ceux qui Te demandent, et je T'implore par le droit exclusif de ceux qui sont sur cette voie qui mène à Toi pour que ma sortie ne témoigne pas d'une désinvolture, une fierté, une gloire vaine ni qu'elle soit faite par amour de grandeur. Je suis sorti en évitant Ta colère et en cherchant Ton plaisir. Je Te demande par conséquent de m'accorder refuge contre l'Enfer et de me pardonner mes péchés, car personne ne pardonne les péchés sauf Toi. Allah l'acceptera et soixante-dix mille anges demanderont pardon en son nom».[163]

---

[163] Ce hadith est aussi rapporté dans *Mousnad Ahmad* 3:21, Ibn Majah (*Massajid*), al-Moundhiri dans *al-Targhib* 1:179, Ibn Khouzayma dans son *Sahih*, Ibn al-Sani et Abou Nouaym. Ghazali le mentionne dans le *Ihya* et Iraqi dit: «C'est *hassan*». Nawawi mentionne seulement les deux chaînes d'Ibn al-Sani dans les *Adhkar* et dit qu'elles sont faibles (*daif*). Cependant,

> Le Prophète ﷺ dit aussi sur l'autorité d'Anas ibn Malik: «Ô Allah! Accorde le pardon à ma mère, Fatima bint Assad, et élargi sa demeure [c'est à dire sa tombe] par le droit exclusif de Ton Prophète ﷺ et de celui des prophètes qui m'ont précédé».[164]

Tabarani rapporte le second hadith dans *al-Kabir* et *al-Awsat*. Ibn Hibban et Ibn Hakim le déclarent d'authentique. Ibn Abi Chayba, sur l'autorité de Jabir rapporte une version similaire. De même, une version similaire est rapportée par Ibn Abd Barr sur l'autorité d'Ibn Abbas et Abou Nouaym dans son *Hilya*[165]. Haythami dit dans *Majma al-zawaid*: «La chaîne de Tabarani contient Rawh ibn Salah qui est faible mais Ibn Habban et al-Hakim le déclarèrent fiable. Le reste de ses sous narrateurs sont des gens de hadiths authentiques.» L'Imam al-Kawthari dit au sujet de ce hadith dans son *maqalat* (p.410): «Il fournit une preuve écrite où il n'y a pas de différence entre le vivant et le mort en ce qui concerne le *tawassoul*, et ceci est un *tawassoul* précis à travers les prophètes, alors que le hadith d'Abou Said al-Khoudri «Ô Allah! Je Te demande par le droit exclusif de ceux qui Te

---

Ibn Hajar al-Asqalani dit qu'elle est *hassan* dans *al-Amali al-masriyya* (#54) de même que dans le *Takhrij* du livre de Nawawi, expliquant que ce dernier négligea la narration de Abou Said al-Khoudri et omit de mentionner Ibn Majah. Voir les remarques de l'Imam Kawthari sur le hadith ci-dessous.

[164] La Fatima en question ici est la mère d'Ali ibn Talib qui a élévé le Prophète.

[165] Rapporté sur l'autorité d'Anas Ibn Malik comme mentionné par al-hafiz al-Souyouti dans *jami al-kabir*.

III. LA RECHERCHE DES MOYENS D'ACCES (TAWASSOUL) A ALLAH A TRAVERS LES SAINTS

demandent» constitue un *tawassoul* à travers le commun des Musulmans, les vivants et les morts».

Le Prophète ﷺ disait après les deux *rakats* de la prière de l'aube: «Ô Allah! Seigneur de Gabriel, d'Israfil, de Mikael, et Seigneur de Mouhammad le Prophète ﷺ, Je cherche refuge en Toi contre le feu... »[166]

Cheikh Mouhammad ibn Alawi ibn al-Maliki dit: «Mentionner spécifiquement ce qui est dit ci-dessus est sous-entendu *tawassoul*, comme s'il disait: «Ô Allah! Je Te demande et je recherche comme un moyen à Toi, Gabriel, Israfil, Mikael, et Mouhammad, le Prophète ﷺ. Ibn Allan fit allusion à ceci dans son commentaire».[167]

3. L'Imam Chawkani

3.1. Fatwa de l'Imam Chawkani sur rechercher un moyen d'approche à Allah (*Tawassoul*)

L'Imam Chawkani dit dans son ouvrage intitulé *al-Dourr al-nadid fi ikhlas kalimat al-tawhid*:

> Il n'y a pas de mal à rechercher le *tawassoul* à travers n'importe quels prophètes, saints ou savants ... Celui qui vient à une tombe en tant que visiteur (*zayran*) et invoque Allah Seul, usant le défunt de cette tombe comme son moyen, est comme celui qui dit: «Ô Allah! Je Te

---

[166] Nawawi mentionne que ceci fut rapporté par Ibn al-Sani et Ibn Hajar le grade d'assez bon (*hassan*) comme mentionné par Ibn Allan dans son commentaire sur *Adhkar*, Vol.2 p.139.

[167] Ibn Alawi al-Maliki, *Mafahim yajib an toussahhah* (Doubai: Hachr Delmouck, 1985) p.69.

demande de me guérir de tel ou tel, et j'utilise comme moyen vers Toi tout ce que ce vertueux serviteur qui est le Tien possède et a enduré pour t'avoir adoré uniquement pour Ton amour, et ce qu'il a appris et enseigné purement et sincèrement pour toi». Pour une telle action, il n'y a pas d'hésitation de déclarer qu'elle est permise...[168]

3.2. L'Imam Chawkani dénonce les Wahhabis

Chawkani dit aussi:

Ceux qui interdissent le *tawassoul* à Allah à travers les prophètes et les saints citent des versets pour supporter leurs positions telles que les suivants:

Nous ne les adorons que pour qu'ils nous rapprochent davantage d'Allah. (39:3).

N'invoque donc pas une autre divinité avec Allah, sinon tu seras du nombre des châtiés. (26 :213).

Dis: ‹Invoquez ceux que vous prétendez, (être des divinités) en dehors de Lui. Ils ne possèdent ni le moyen de dissiper votre malheur ni de le détourner. Ceux qu'ils invoquent, cherchent [eux-mêmes], à qui mieux mieux, le moyen de se rapprocher le plus de leur Seigneur. Ils espèrent Sa miséricorde et

---

[168] Chawkani, *al-Dourr al-nadid fi ikhlas kalimat al-tawhid.*

III. LA RECHERCHE DES MOYENS D'ACCES (TAWASSOUL) A ALLAH A TRAVERS LES SAINTS

craignent Son châtiment. Le châtiment de ton Seigneur est vraiment redouté. (17: 56-57).[169]

Ces versets ne sont pas effectifs pour supporter leur thèse. Au contraire, ces versets supportent exactement l'opposé de ce qu'ils revendiquent dans la mesure où les versets se rapportent à une autre issue. Le verset «*Nous ne les adorons que pour qu'ils nous rapprochent davantage d'Allah*» affirme explicitement qu'ils ne les adorent que pour ce but. Celui qui fait par exemple le *tawassoul* à travers un savant n'adore jamais ce dernier, mais il sait que ce dernier a un honneur (*maziyya*) spécial auprès d'Allah car étant un grenier de savoir, et c'est la raison pour laquelle il l'utilise comme un moyen.

Similairement, hors de propos vis-à-vis de ce sujet, est le verset d'Allah: «*N'invoque aucune autre divinité qu'Allah*». Ce verset interdit que l'on fasse appel à la fois à quelque chose et à Allah soit en disant «Ô Allah! Et Ô untel!» Cependant, celui qui fait par exemple le *tawassoul* à travers un savant ne fait jamais appel à quelque chose d'autre qu'Allah. Il ne recherche seulement qu'un moyen d'approcher Allah à travers les excellentes œuvres d'un de Ses serviteurs. De la même manière, trois personnes furent emprisonnées par un rocher et ils eurent recours à leurs œuvres comme intermédiaire pour avoir une issue de sortie.

Rapporté par Ibn Oumar, Le Messager d'Allah dit:

«Alors qu'ils voyageaient, trois personnes furent surprises par la pluie, et ils prirent refuge dans une caverne d'une montagne. Un

---

[169] *Ibid*.

gros rocher tomba de la montagne et ferma l'entrée de la cave. Ils se dirent: «Que chacun d'entre nous se rappelle des bonnes œuvres qu'il a accompli uniquement par amour d'Allah, et invoquons Allah en mentionnant ces œuvres afin qu'Allah nous secoure de notre difficulté». L'un d'eux dit: «Ô Allah! J'avais des parents qui étaient très âgés et des enfants que je nourrissais par mon métier de berger. Lorsque je retournais les nuits à mon domicile après avoir trait les brebis, je servais d'abord du lait à mes parents avant mes enfants. Un jour, j'allai paître mes moutons très loin, et je ne retournai que très tard dans la nuit et trouvai mes parents endormis. J'ai trait mes animaux comme d'habitude, emporté le récipient puis me suis tenu debout à leurs pieds, et je n'aimais pas les réveiller de leur sommeil, et n'aimais pas non plus servir le lait à mes enfants avant mes parents quoique mes enfants se lamentaient de faim à mes pieds. Cette situation persista ainsi jusqu'à l'aube. Ô Allah! Si Tu considères que j'ai fait cela uniquement pour Ton plaisir, alors de grâce, fasse qu'il y ait une ouverture à travers laquelle nous pourrons voir le ciel. Ainsi, Allah fit une ouverture à travers laquelle ils pouvaient voir le ciel. Ensuite le deuxième dit: «Ô Allah! J'avais une cousine que j'aimais aussi fort que l'homme passionné aime une femme. J'essayais de la séduire, mais elle refusa à moins que je lui

III. LA RECHERCHE DES MOYENS D'ACCES (TAWASSOUL) A ALLAH A TRAVERS LES SAINTS

donne cent dinars. Alors, je travaillai très dur jusqu'à ce que je puisse collecter cent dinars et retournai. Lorsque je me positionnai entre ses deux jambes (pour avoir des relations sexuelles avec elle), elle dit: «Ô serviteur d'Allah! Crains Allah! Ne me déflores sauf que par voie légale (par contrat de mariage.)» Je m'abstins alors. Ô Allah! Si Tu considères que j'ai fais cela uniquement pour Ton plaisir, fasses que le rocher bouge un tout petit peu pour avoir une plus grande ouverture». Alors, Allah déplaça le rocher pour leur agrandir la sortie. Le dernier dit: «Ô Allah! J'employais un manœuvre avec un salaire équivalent à un *faraq* (une certaine mesure) de riz, et lorsqu'il finit son travail, il réclama son dû. Lorsque je lui présentais son salaire, il le refusa et s'en détourna. Je cultivais ce riz pour lui (à plusieurs reprises) jusqu'à ce que je parvienne à m'acheter des vaches avec le revenu de la production et employa un berger. Longtemps après, le manœuvre vint à moi et dit: «Ait peur d'Allah et ne sois pas injuste. Donnes-moi mon dû». Je lui dis: «Vas et prends toutes ces vaches y compris leur berger». Il les prit et s'en alla. Si Tu considères que j'ais fais cela pour chercher Ta satisfaction, alors de grâce, fasse que la partie restante du rocher libère la sortie». C'est ainsi qu'Allah les libéra».[170]

---

[170] Sahih Boukhari, traduction anglaise vol.8, Livre 73, Numéro 5.

Aussi déplacée est l'allusion faite au verset où Allah dit: «*Ceux auxquels ils font appel...* car ce verset s'adresse aux gens qui font appel à ceux qui ne peuvent pas satisfaire leur besoin, et non Allah qui est Tout-Puissant. Celui qui fait par exemple le *tawassoul* à travers un savant ne fait appel qu'à Allah et personne d'autre.

Le récit précédent montre au lecteur que ceux qui s'opposent au *tawassoul* ont avancé une preuve boiteuse pour supporter leur position. Encore plus incohérente est leur citation du verset:

Le jour où aucune âme ne pourra rien en faveur d'une autre âme. Et ce jour-là, le commandement sera à Allah. (82:19).

Ce noble verset ne fait que confirmer que c'est Allah Seul qui décide de toute chose au Jour du Jugement, et que personne ne pourra dire mot ce jour-là. Celui qui fait le *tawassoul*, soit à travers un prophète ou l'un des savants, ne croit jamais que celui à travers lequel il fait le *tawassoul* est un partenaire à Allah au jour du Jugement! Quiconque croit en cela au sujet d'un prophète ou non prophète est dans un égarement manifeste.

Egalement rejetée est leur objection au *tawassoul* en citant les versets suivants:

Tu n'as aucune part dans l'ordre. (3:128).

Dis: «Je ne détiens pour moi-même ni profit ni dommage, sauf ce qu'Allah veut». (7:188).

III. LA RECHERCHE DES MOYENS D'ACCES (TAWASSOUL) A ALLAH A TRAVERS LES SAINTS

Ces deux versets montrent nettement que le Prophète ﷺ n'a rien à dire dans la décision d'Allah, et qu'il n'a aucun pouvoir à s'octroyer ni profit ni se soustraire de quelque dommage que ce soit a fortiori quelqu'un d'autre. Rien dans ces versets n'interdit le *tawassoul* à travers lui et n'importe quels autres prophètes, saints ou savants.

Allah a accordé à Son Prophète ﷺ le Rang Exalté (*al-maqam al-mahmoud*) – La Grande Intercession (*al-chafaa al-ouzma*) – et Il a ordonné à toutes les créatures de demander ce rang pour lui et son intercession. Il lui dit: «Demande, et il te sera accordé! Intercède, et il te sera concédé ce pourquoi tu intercèdes!» Dans Son Livre, Il a été précis sur le fait qu'il n'y aura aucune intercession sauf pour qui Il veut, et que personne ne pourra s'en réclamer sauf pour ceux qu'Il veut. Finalement, aussi nul et non avenu est le verset qu'ils citent comme une preuve contre le *tawassoul*:

Avertis tes proches. (26:214).

Le Prophète ﷺ dit en réponse à ceci:

«Ô untel! Fils d'untel! Je n'ai aucune garantie d'Allah pour toi; Et Ô Fille d'untel! Je n'ai aucune garantie d'Allah pour toi». Dans ces lignes précédentes, il n'y a rien sauf la plaine déclaration qu'il ne peut être d'aucun bénéfice pour qui Allah a décrété un mal ni faire du tort à qui Allah a décrété un bien, et qu'il n'a aucune garantie d'Allah pour ses proches a fortiori les autres. Ce fait est connu de tous les Musulmans. Il n'y a rien par conséquent qui interdit le *tawassoul* à Allah à travers le

Prophète ﷺ, car le *tawassoul* est une requête à Celui Qui détient le pouvoir d'accorder et de refuser toutes les requêtes. Le pétitionnaire qui fait le *tawassoul* désire seulement faire précéder sa pétition de ce qui peut faciliter l'acceptation de sa requête par Celui Seulement qui l'accorde ou la refuse, c'est à dire Celui à qui appartient le Jour du Jugement.

4. Fatwa de cheikh Salih Al-Naman sur la recherche d'un moyen d'approche à Allah

L'opinion légale suivante sur le *tawassoul* fut émise le 22 mars 1980 par Cheikh Salih al-Naman, le Secrétaire de la section de l'*Ifta* et L'Education Religieuse au Ministère des Affaires Religieuses (*wizarat al-awqaf*) de la République Arabe de Syrie, dans la ville de Hama. La *fatwa* est reproduite en intégralité dans la réédition de *Waqf Ikhlas* de 1992 dans la section de Sayyid Ahmad Zayni Dahlan sur l'histoire de l'Islam intitulée *al-Foutouhat al-islamiyya*, au paragraphe sur la secte Wahhabite, *Fitnat al-wahhabiyya*.

Texte de la *fatwa*:

Toutes les louanges sont à Allah le Seigneur des Mondes. La paix et les bénédictions sur notre Maître Mouhammad et sa Famille et tous ses Compagnons.

De la part du pauvre esclave qui a besoin de Lui, le secrétaire des opinions légales de la ville de Hama (Cham) et le Prédicateur de la mosquée Madfan, au frère Sayyid Ashiq al-Rahman à Wilayatoullah Abad en Inde qui

III. LA RECHERCHE DES MOYENS D'ACCES (TAWASSOUL) A ALLAH A TRAVERS LES SAINTS

posa une question: mes chaleureuses salutations et bénédictions. Avant tout, tu as posé une question sur une issue légale, et cette réponse a pris du retard parce que j'étais en voyage dans le Hijaz.

Ta question concerne *al-tawassoul illalah taala bi al-anbiya wa al-moursalin* (rechercher/utiliser les moyens d'accès à Allah l'Exalté avec/à travers/au moyen des prophètes et les messagers) et au sujet de *houkmou man tawassal* (la position de la loi sur la personne qui fait le *tawassoul*).

Voici la réponse:

Les louanges sont à Allah, l'Exalté! Rechercher ou user de moyens (*al-tawassoul*) pour accéder à Allah à travers son Prophète ﷺ ou les prophètes ou les Vertueux (*al-salihin*) ou les actions (*amal*) accomplies exclusivement pour Son plaisir: il n'y a aucun interdit en cela parce que Allah l'Exalté dit: «*Chercher le moyen d'accéder à Lui*» (5:35) et «*Si lorsqu'ils se sont fait du tort ils venaient à toi en implorant le pardon d'Allah et si le Messager demandait pardon pour eux, ils trouveraient, certes, Allah, Très Accueillant au repentir, Miséricordieux.*» (4:64), et parce que les Compagnons – qu'Allah soit satisfait d'eux – recherchèrent un moyen à travers le Messager d'Allah comme cela fut rapporté au sujet de l'aveugle qui usa du Messager d'Allah comme un moyen (pour obtenir sa requête) et il recouvrit sa vue.

La communauté est unanime que le *tawassoul* est permis aussi longtemps que l'on a une croyance saine (*idha sahhat al-aqida*), et le consensus de la Communauté constitue une preuve légale (*ijma al-oumma houjjatoun chariyya*); le Prophète ﷺ dit: «Ma Communauté ne s'accordera pas sur une erreur». En ce qui concerne l'affirmation de certains extrémistes (*ghoulat*) du Wahhabiyya selon laquelle la position de la chari'a concernant une personne usant du *tawassoul* équivaut à du *chirk* (associer quelque chose d'autre à Allah dans l'adoration), est une affirmation invalide ou irrationnelle puisque la personne qui fait du *tawassoul* n'enfreint pas à l'ordre du Prophète ﷺ: «Si tu demandes, demande à Allah, et si tu recherches de l'aide, recherches-la d'Allah.» Au contraire, il Lui demande à travers un bien-aimé pour que sa supplication soit exaucée, et c'est ce que notre Glorieux et Majestueux Seigneur aime de nous. Comment peut-on alors juger cela de *chirk* puisqu'il n'est pas un *mouchrik* (celui qui commet *chirk*)? La loi déclare un tel acte d'abominable et notre religion s'en déclare innocente parce qu'il a été dit que «Quiconque déclare un croyant de mécréant a commit un acte de mécréance.»

III. LA RECHERCHE DES MOYENS D'ACCES (TAWASSOUL) A ALLAH A TRAVERS LES SAINTS

Notre maître Oussama ibn Zayd tua un *mouchrik* après que ce dernier ait dit: «Il n'y a de dieu sauf Allah» (*la ilaha illallah*). Lorsque le Messager reçut cette nouvelle, il condamna fermement notre maître Oussama en des termes très forts en lui disant: «Comment peux-tu le tuer après qu'il ait dit *la ilaha illallah*?» Il répondit: «Mais, il l'a dit seulement parce que le sabre pendait sur sa tête!» Le Prophète dit encore: «Comment peux-tu le tuer après qu'il ait dit *la ilaha illallah*?» Il répondit: «Ô Messager d'Allah! Il était de mauvaise foi (*taqiyyatan*)». Le Prophète dit: «As-tu ouvert son cœur (pour vérifier)?» Et il ne cessa de le réprimander jusqu'à ce que Oussama ait souhaité embrasser l'Islam qu'après avoir tué cette personne pour que tous ses péchés puissent être pardonnés.

A partir de ceci et des autres narrations, nous concluons que certains des Wahhabis pourraient êtres coupables par leur empressement à accuser les autres de mécréant (*takfir*) comme ils l'ont fait dans le passé dans le Hijaz où des centaines de milliers ont été massacrés tant bien même que ceux-là dirent *la ilaha illallah*, et comme les kharidjites en firent du temps de notre Maître Ali – qu'Allah anoblisse son visage.

Bref, le *tawassoul* n'est pas interdit, au contraire il est légalement recommandé (*moutahsanou charan*), et il n'est pas permis de jeter l'étiquette de *chirk* sur les croyants. Voilà ce qui est établit dans les livres de loi Islamique. Et Allah est Savant.»

6 Joumada I 1400
22 Mars 1980
Signature du Secrétaire des *Fatwas* à Hama
Cachet du Ministre des Académies Religieuses
Quartier de Mouhafazat de Hama, Syrie

III. LA RECHERCHE DES MOYENS D'ACCES (TAWASSOUL) A ALLAH A TRAVERS LES SAINTS

5. Fatwa de cheikh Souhayl al-Zabib sur la recherche des moyens d'approche à Allah

La *fatwa* suivante sur le *tawassoul* fut délivrée par Cheikh Abou Souleymane Souhayl al-Zabibi, l'Imam de la Mosquée de Najjarin à Damas. Elle fut reproduite en totalité dans la réédition de la section de Sayyid Ahmad Zayni Dahlan sur l'Histoire de l'Islam de *Waqf Ikhlas* de 1992 déjà cité.

Le texte de la *fatwa*:

Au Nom d'Allah, le Miséricordieux, le Tout Miséricordieux, et la Paix et les Bénédictions sur notre Maître Mouhammad, son Excellente et Sainte Famille et tous ceux qui les suivent avec excellence jusqu'au Jour du Jugement.

Pour commencer, tu m'as envoyé une lettre dans laquelle tu demandes la *fatwa* au sujet de la croyance au *tawassoul* à travers les prophètes et messagers que les bénédictions et salutations soient sur eux, et ta question est ainsi formulée: Est-ce que la personne qui croit en ceci (au *tawassoul*) est un *mouchrik* (quelqu'un qui dans son adoration associe quelque chose à Allah) ou un *kafir* (mécréant), et est-ce que ses actes de dévotion – tels que *salat, zakat, hajj* et *sawm* – sont bons ou nuls et non avenus (*sahida am fassida*)? Et tu as demandé une explication à partir du Coran parce que c'est la première source de la législation et à partir de la vraie *sounna* parce qu'elle est seconde dans la déduction des preuves après le Noble Coran, et du consensus (*ijma*) et des positions des pieux des premières générations, qu'Allah soit satisfait d'eux, parce qu'ils sont, comparativement à nous, plus proches de la compréhension complète du Livre d'Allah et la *sounna* de Son Messager.

Voici la réponse que je donne en demandant l'assistance d'Allah, Son pouvoir et Sa force.

- La croyance (*itiqad*) au *tawassoul* à travers les prophètes et les messagers – la paix et les bénédictions sur eux – et à travers les Vertueux Amis d'Allah (*al-awliya al-salihin*) – dont la bonté, la vertu, l'honnêteté, et l'amitié avec Allah font état d'un consensus général – est une vraie croyance et non une mécréance, et je la considère permise et non interdite.

- Et la personne recherchant une telle voie comme celle précitée pour se rapprocher d'Allah pour que son besoin soit satisfait est un croyant qui atteste de l'unicité d'Allah; Ce n'est pas une personne qui adore autre qu'Allah, et tous ses actes d'adorations sont valides.

Parmi les preuves à partir du Coran, Allah le Béni et Exalté dit: «*Ô les croyants! Craignez Allah, cherchez le moyen de vous rapprocher de Lui*». (5:35) dans la *Sourah al-Ma'idah*, verset 35, *Jouz* 6. Certains savants de l'Islam ont déduit de ce verset la légitimité de rechercher l'aide et

III. LA RECHERCHE DES MOYENS D'ACCES (TAWASSOUL) A ALLAH A TRAVERS LES SAINTS

un moyen vers Allah à travers les vertueux serviteurs, et l'usage d'eux comme un moyen entre Allah le Tout-Puissant et Ses serviteurs pour satisfaire leurs demandes pourvu que la personne qui fait le *tawassoul* soit convaincu que l'agent effectif (*al-faal*) est Allah et personne d'autre. Si quelqu'un croit autrement, il commet une mécréance, qu'Allah nous en protège!

Encore, parmi les preuves du tawassoul à partir du Coran est ce qu'Allah, Le Bénit et Exalté dit: «*Si, lorsqu'ils se sont fait du tort à eux-mêmes ils venaient à toi en implorant le pardon d'Allah et si le Messager demandait le pardon pour eux, ils trouveraient, certes, Allah, Très Accueillant au repentir, Miséricordieux*» Sourah An-Nisa, verset 64 jouz 5. Dans l'explication de ce verset, Ibn Kathir dit: «Allah l'Exalté conseille à ceux qui ont désobéi et qui ont péché, lorsqu'ils ont commit leurs erreurs et indisciplines, de venir au Messager d'Allah et de rechercher le pardon d'Allah en sa présence (le Prophète ﷺ) puis de lui demander de leur pardonner. S'ils le font, Allah se penche vers eux, leur accorde la miséricorde et leur pardonne,» d'où le verset «ils trouveraient, certes, Allah, très accueillant au repentir, Miséricordieux».

Ibn Kathir continue: Un grand nombre de savants parmi lesquels Cheikh Abou Mansour al-Sabbagh, dans son livre *al-Chamil*, ont mentionné le récit très connu de al-Outbi qui dit: «Pendant que j'étais assis auprès de la tombe du Prophète ﷺ, un bédouin arabe arriva et dit: «La paix soit sur toi, Ô Messager d'Allah! J'ai entendu qu'Allah dit, «*Si seulement, lorsqu'ils ont fait du tort à leurs propres personnes, ils venaient à toi et demandaient pardon d'Allah, et le Messager demandait pardon pour eux, ils trouveraient, certes, Allah, Très accueillant au repentir, Miséricordieux*». (4:64), ainsi je suis venu à toi demander pardon pour mon péché, cherchant ton intercession auprès de mon Seigneur (*moustashfian bika ila rabbi*). Ensuite il commença à réciter de la poésie:

Ô meilleur de ceux dont les os sont enterrés dans la terre profonde,

Du parfum duquel la profondeur et la surface ont été agréablement embaumées

Fasse que je sois la rançon pour une tombe que tu habites,

Et dans laquelle se trouvent pureté, générosité, et munificence!

Puis il s'en alla, et je somnolai et vis le Prophète ﷺ dans mon sommeil. Il me dit: «Ô Outbi! Cours après le Bédouin et donne-lui la bonne nouvelle qu'Allah lui a pardonné». Ici prend fin l'intervention d'Ibn Kathir.

Voici maintenant la preuve à partir du noble hadith. Le hadith suivant fut reporté des

III. La Recherche des moyens d'acces (Tawassoul) a Allah a travers les Saints

maîtres de hadiths parmi les Imams: Ibn Khouzayma dans son *Sahih* (qui est presque l'égal du *Sahih Mouslim*), al-Nisai dans son livre *Amal al-yawm wa al-layla*, al-Tirmidhi dans son *Jami* et il le juge de *hassan sahih gharib*, qui bien que ce soit Abou Jafar Oumayr ibn Yazid al-Khoutami al-Madani al-Basri qui le rapporte, et il est fiable (*thiqa*) selon Nasai et Ibn Main. Par conséquent, le fait qu'il soit *gharib* ne met pas en péril son rang de *sahih*. Ibn Majah le rapporta aussi et confirma Abou Ishaq [Ibn Rahawayh] qui le déclara *sahih* comme en fit al-Hakim dans son *Moustadrak* qui dit: «C'est bon selon le critère de Boukhari et Mouslim», et Dhahabi le confirma.

De Outhman ibn Hounayf, qui était avec le Prophète ﷺ lorsque l'aveugle vint se plaindre à lui de sa cécité, etc. C'est un hadith authentique dans lequel le Prophète ﷺ ordonne explicitement à ceux qui sont dans le besoin de faire le *tawassoul* et de lui faire appel de son vivant et après sa mort. Ce fut précisément ce que les Compagnons comprirent de lui puisque son ordre à quiconque dans la communauté s'adresse à la communauté entière en tout temps aussi longtemps qu'il n'y a pas de preuve que c'est spécifique à un individu. Qu'en est-il alors s'il y a une preuve du contraire – c'est à dire qu'elle n'est pas spécifique à un individu? Tabarani rapporta dans son *Moujam al-kabir* et *Moujam al-saghir* qu'un homme dans un besoin essaya plusieurs fois de visiter Outhman ibn Affan, etc. Tabarani dit que le hadith est authentique et Bayhaqi le rapporta dans *Dalail al-noubouwwa* avec une bonne chaîne».

Abou Souleyman Souhayl al-Zabibi L'Imam de la Mosquée al-Najjarin (Damas, Syrie)

III. LA RECHERCHE DES MOYENS D'ACCES (TAWASSOUL) A ALLAH A TRAVERS LES SAINTS

6. Fatwa de Moustafa Ibn Ahmad Ibn al-Hassan al-Chatti al-hanbali al-Athari al-Dimaschqi (1856-1929 CE) sur la recherche des moyens d'approche à Allah

Le texte suivant est tiré de la réédition du *Waqf Ikhlas* de 1994 de al-*Nouqoul al-chariyya fi al-radd ala al-wahhabiyya* (Les preuves légales à partir des textes concernant la réponse à la secte Wahhabite).

Allah dit:

1. Fa istaghathahou al-ladhi min chiatihi (28:15) «L'homme de son peuple [de celui de Moïse] l'appela au secours contre son ennemi.*[171]*

2. Wa law annahoum idh zalamou anfoussahoum jaouka fa istaghfaroullah ... (4:64) «Si, lorsqu'ils se sont fait du tort à eux-mêmes ils venaient à toi en implorant le pardon d'Allah et si le Messager demandait le pardon pour eux, ils trouveraient, certes, Allah, Très Accueillant au repentir, Miséricordieux».

Si un Wahhabi dit: «Ceci lui est spécifique (le Prophète ﷺ de son vivant), nous disons qu'il y a une unanimité et des preuves irréfutables que le Prophète ﷺ est en vie dans sa noble tombe[172].

---

[171] La traduction du Coran utilisée ici dérive de la version anglaise de Youssouf Ali (l'édition King Fahd revue) sauf indiquée par «P» faisant référence à Mouhammad Marmadouke Pickthall.

[172] En plus du hadith que nous avons déjà mentionné, cette preuve est citée dans *Anba al-adhkia al-anbiya* (Les écrits des illuminés au sujet de la

La règle qui découle de ce noble verset est applicable de nos jours et à tout moment par la volonté d'Allah. C'est la raison pour laquelle tous les savants recommandent la récitation de ce verset lorsque quelqu'un visite sa noble tombe[173]. Ce fait ne peut échapper à quiconque ayant étudié les dires des savants à ce sujet. Il n'y a pas lieu d'entrer dans les détails. Quiconque affirme une interprétation contraire doit en fournir la preuve. Et comment peut-il avoir une telle preuve lorsque plusieurs autres versets ordonnent aux croyants de chercher refuge auprès du Prophète ﷺ?

Parmi ces versets figurent les suivants:

«al-nabiyou awla bil mouminina min anfoussihim» (33:6) (Le Prophète a plus de droit sur les croyants qu'ils n'en ont sur eux-mêmes, et ses épouses sont leurs mères; et «wa ma arsalnaka illa rahmatan lil alamin» (Et nous ne t'avons envoyé que comme une miséricorde pour les mondes) (21:107).

Voici exactement ce que comprit le père de l'humanité, Adam ﷺ, de la juxtaposition du nom du Prophète ﷺ à celui d'Allah Le Tout-

---

vie des prophètes) de Jalalouddin al-Souyouti, dans *al-Rassail al-achr* (Les dix traités). Béirout: Dar al-koutoub al-ilmiyya, 1409/1989 p.197-211, inclus aussi dans son *Hawi li al-fatawi*; et Abou Bakr Ahmad ibn al-Houssayn al-Bayhaqi, *Kitab ma warada fi hayat al-anbiyai bada wafatihim* (Ce qui a été dit au sujet de la vie des prophètes après leur décès). Béirout: mouassassat Nader, 1410/1990.

[173] Voir le paragraphe sur la section *ziyara*.

III. LA RECHERCHE DES MOYENS D'ACCES (TAWASSOUL) A ALLAH A TRAVERS LES SAINTS

Puissant. Adam ﷺ comprit que le Prophète ﷺ est l'intermédiaire et le moyen à user pour arriver à Lui, ainsi il rechercha l'intercession à travers lui vers son Seigneur en vue d'être pardonné; Et il fut pardonné[174].

En ce qui concerne les versets et les hadiths cités par les Wahhabis tels que: «*Oudouni astajib lakoum*» *(Appelez-Moi, Je vous répondrai) (40:60)*; «*fa firrou ila Allah*» *(Fuyez donc vers Allah) (51:50)*; «*wa in yamsask Allah bi dourrin fa la kachifa lahou illa hou*» *(Et si Allah fait qu'un malheur te touche, nul autre que Lui ne peut l'enlever.) (6:17), (10:107)*; «*Et si Allah fait qu'un mal te touche, nul ne peut l'écarter en dehors de Lui*»; «*wa nahnou aqrabou ilayhi min habl al-warid*» *(Nous sommes plus près de lui que sa veine jugulaire) (50:16)*; Hadith: «idha istaanta fa istain billah» «Si vous demandez de l'aide, demandez à Allah» etc.; ces versets n'interdisent pas comme ils l'affirment, l'utilisation des prophètes et les pieux comme moyens d'approche. Cela est très évident. Ceux qui parmi les Musulmans sont unanimement d'accord sur la permissivité et le bien fondé à prendre les prophètes et les saints comme moyen d'approche n'ont jamais suggéré qu'un

---

[174] Ceci est une allusion au hadith d'Oumar: «Lorsque Adam ﷺ commis l'erreur… » qui est au sujet d'Adam ﷺ cherchant le pardon pour l'amour du Prophète ﷺ. Ce hadith est accepté comme authentique par certains savants et non authentique par d'autres;

pouvoir émane d'eux. Ils n'ont jamais soutenu une telle croyance! Au contraire, tous les Musulmans croient qu'Allah Tout-Puissant est Celui qui agi de Sa propre volonté, et Lui Seul donne la vie et la mort, le bien et le mal. C'est une croyance fondamentale en Islam. Les savants n'ont jamais considéré la recherche d'approche à travers les prophètes et les pieux comme à «*mimman ittakhadha min dounillahi andadan*» ou «égaler autres à Allah) comme les Wahhabi le prétendent.

Faire usage des versets tels que: «*wa la yamouroukoum tattakhridhou al-malaikata wal – nabiyyina arbaban*» (*Et il ne va pas vous recommander de prendre pour seigneurs anges et prophètes) (3:80)* pour justifier leur doctrine est une flagrante manipulation du sens du verset et l'utiliser en dehors de son contexte. Adopter l'argument fallacieuse de ceux qui interdisent l'usage d'un intermédiaire, précisément parce qu'ils voient communément les gens adresser leurs requêtes aux personnes vertueuses, vivantes ou mortes, lesquelles devraient être soumises à Allah Le Tout-Puissant, est un raisonnement boiteux selon nous et ne constitue pas une preuve tangible comme Ibn Taymiyya en a largement fait cas dans plusieurs de ses ouvrages et traités. Par exemple, il touche à quelque chose s'y rapportant dans la mention du hadith de

III. LA RECHERCHE DES MOYENS D'ACCES (TAWASSOUL) A ALLAH A TRAVERS LES SAINTS

l'aveugle lorsqu'il commence avec l'expression: «En ce qui concerne ceci (*tawassoul*), il y a le hadith de l'aveugle... » C'est là une preuve du comble de son opposition au sujet en question: «Et ils disent que les gens font appel au saint (*wali*) en lui demandant: fait telle ou telle chose pour moi, et les expressions qu'ils utilisent suggèrent une influence de leur part qui en réalité émane exclusivement d'Allah.»

La réponse à ces défis est que ces expressions confuses doivent être interprétées figurativement, et la raison est qu'elles viennent de la bouche d'un pur monothéiste (*mouwahhid*). Par conséquent, si une personne est interrogée sur la cohérence de sa croyance par rapport à ce qu'il dit, il répondra qu'Allah est le Seul Agent (*al-Faal*) sans partenaire; et qu'il sollicite les élites qui sont honorés par Allah et proches de Lui; ce faisant, ils les utilisent comme des intermédiaires pour atteindre leur but qui est Allah Tout-Puissant. La raison pour laquelle ils ont recours aux pieux est que ces derniers ont été élevés haut par Allah Lui-même, et Il est Celui qui leur a accordé de telles considérations, et ils obtiennent ce qu'ils désirent de Lui comme Il l'a dit Lui-même.

Nous reconnaissons qu'il est bien et recommandé que les gens observent les bonnes manières en s'adressant à Allah pour leurs requêtes; en vérité, cela fait partie de l'ordonnance du bien et de l'interdiction du mal. Cependant, il est incorrecte pour nous de leur interdire la rechercher des moyens et de l'aide de façons absolues. Comment cela peut-il se faire lorsqu'Allah Tout-Puissant dit: «*L'homme de son peuple (celui de Moïse) l'appela au secours contre son ennemi*» (28:15)?

IV. Le rejet de ceux qui comparent la recherche des moyens d'accès à Allah et la demande d'intercession à l'adoration de Jésus ﷺ et des saints par les Chrétiens, et ceux qui limitent la quantité d'implorations de bénédictions sur le Prophète ﷺ.

Certain «Salafis» comparent l'action des Musulmans faisant usage du *tawassoul* à travers le Prophète ﷺ à l'adoration de Jésus ﷺ par les Chrétiens ou des Musulmans faisant usage du *tawassoul* à travers les saints à l'adoration des saints par les Chrétiens. Il est clair que les Musulmans sont des stricts monothéistes qui adorent uniquement Allah et peuvent tirer profit de certains actes particuliers, des périodes de temps, lieux et personnes pour s'attirer des bénédictions et non user de tout cela comme un objet d'adoration. Persister à faire une analogie entre les doctrines des Musulmans et des Chrétiens en ne prenant pas en considération leurs différences fondamentales est une caractéristique des ennemis de l'Islam.

Une secte particulière parmi les ennemis du *tawassoul* sont les *Boukhala* ou avares, qui souhaitent réduire «trop de bénédictions et de paix» sur le Prophète ﷺ sous le prétexte que cela aboutirait à adorer le Prophète ﷺ. Les *boukhala* prétendent que «trop faire ses louanges serait synonyme d'associer un partenaire à Allah.» Le Prophète ﷺ mentionna explicitement leur marque dans le hadith lorsqu'il dit:

«L'avare est celui qui, lorsque mon nom est mentionner en sa présence n'implore pas les bénédictions et la paix sur moi[175]»; Allah dit:

> Certes, Allah et Ses Anges prient sur le Prophète; ô vous qui croyez priez sur lui et adressez [lui] vos salutations. (33:56).

Les *boukhala* se sont opposés à Allah Lui-même dans la mesure où Allah Lui-même envoie Ses *salat* sur le Prophète ﷺ. Si Allah fait une action, peut-on Lui en demander des comptes? Et s'Il ordonne de faire quelque chose, comment peut-on estimer que cette chose est faite en excès? Une *salawat* d'Allah sur Son Prophète ﷺ est plus que les *salawat* des êtres humains et *jinn* mis ensemble même s'ils s'y adonnent éternellement. Pour cette raison, nous ne pourrons jamais offrir assez de *salawat* au Prophète ﷺ, et notre *salat* est insignifiante puisque nous supplions Allah de répandre plus de *salat* sur lui: «*Allahouma salli ala Mouhammad*» (Ô Allah! Nous te sollicitons de rependre Ta *salat* sur Ton Prophète ﷺ.

Il est contradictoire de penser qu'il puisse avoir excès de louanges sur le Prophète ﷺ quand on sait que son nom est «Le Loué». Les savants sont allés même à dire qu'Allah a extrait le nom du Prophète ﷺ de son Nom en référence à ce qui est expliqué dans le chapitre sur les noms du Prophète ﷺ. Quoi de plus que de savoir que les noms Mouhammad, Ahmad, Mahmoud, «Le Loué», «Le Plus Loué» et «Le

---

[175] Rapporté par Tirmidhi (#3546 – *hassan sahih gharib*), Nassai, Ibn Hibban et al-Hakim. Bayhaqi le cite aussi dans *Chouab al-iman* (2:213 #1565-1566).

Pas de Comparaison entre Intercession et l'Adoration de Jésus par les Chrétiens

Louable» ne furent jamais attribués à personne ni avant ni après lui. Dans son commentaire, al-Baydawi cite le verset:[176]

> *Allah suffit comme témoin (que) Mouhammad est le Messager d'Allah. (48:28-29).*

Qu'est ce qui différencie les Musulmans des Juifs? Les Juifs disent *la ilaha illallah* mais ne disent jamais *Moussa rassouloullah*. Ils n'ont pas d'amour pour leur Prophète Moïse ﷺ. Similairement, les Chrétiens refusent de dire *Issa rassouloullah* quoique pour d'autres raisons. Les deux confessions refusent de dire *Mouhammadoun rassouloullah*, et c'est en cela que nous sommes différents. Tu ne peux pas être Musulman sans reconnaître que Mouhammad est le Messager d'Allah, même si tu crois en Allah. La deuxième partie de la *chahada* devient la condition pour entrer en Islam, et la croyance au Prophète ﷺ un moyen de salut contre l'erreur et la punition. Allah n'admet pas qu'on Lui dise directement: «Je t'aime». Au contraire, nous devons obéir à l'ordre: «*Dis-Leur: Si vous aimez Allah, suivez-moi, Il vous aimera*» (3:31). Partant de là, l'amour pour Allah ne peut être qu'un corollaire de l'amour du Prophète ﷺ. L'amour du Prophète ﷺ est prouvé par la louange et les fréquentes implorations de bénédictions qu'on fait sur lui comme il l'a requit dans le hadith: *akthirou al-salat alayya* (implorer beaucoup de bénédictions sur moi) que nous citons dans les paragraphes à suivre.

Les savants ont expliqué que les *salawat* d'Allah ou ses bénédictions sur lui signifient *rahma* ou miséricorde alors que les *salawat* des croyants ou leurs implorations de

---

[176] Al-Baydawi, *Anwar al-tanzil in Majma al-tafassir* 6:34.

bénédictions sont des *doua* ou des supplications[177]. Le verset suivant est sans ambiguïté et exprime une idée de quantité et de temps illimité en référence au *salawat* d'Allah et Ses anges. Le verset dit: «*Allah et Ses anges envoient les bénédictions, la paix, la miséricorde, honneur et les meilleures salutations sur le Prophète à tout moment et avec abondance sans borne*» (33:56). Allah ordonne aux croyants d'implorer les bénédictions sur lui de la même manière, c'est à dire sans cesse et au tant qu'ils le peuvent.

Un Musulman ne peut se rappeler d'Allah sans se rappeler du Prophète ﷺ, et la plus grande forme d'invocation *la ilaha illallah* est suivie de *mouhammadoun rassoullah*. Cette évidence est accentuée par le verset où Allah dit: «*Souvenez-vous de Moi, et Je me souviendrai de vous*» (2:152) et clarifiée par le hadith: «Quiconque implore des bénédictions sur moi, Allah lui envoie dix bénédictions[178].» En conséquence, al-hafiz Sakhawi dit:

> Tout comme dans l'attestation de la foi (*chahada*), Allah a placé le nom de Son béni Messager près de Son propre nom sacré et dit que quiconque obéit au Prophète, ﷺ Lui obéit, et quiconque aime le Prophète ﷺ L'aime, Il a lié de cette manière nos invocations de bénédictions sur le Prophète ﷺ à Ses bénédictions sur nous. Ainsi, tout comme Allah

---

[177] Voir le commentaire d'Ibn Arabi sur le chapitre de Tirmidhi sur la description de *la salat* du Prophète dans *Aridat al-ahwadhi* et ce qu'a dit Tirmidhi à cet effet (2:268, 2:271).

[178] Rapporté par Mouslim, Abou Dawoud, Tirmidhi (*hassan sahih*), Nassai, Ibn Hibban, Tabarani (*sahih*) et autres.

a dit à propos de souvenir: «*Souvenez-vous de Moi et Je me souviendrai de vous*», de la même manière, Il rassure: «Allah envoie dix bénédictions sur celui qui implore une seule bénédiction sur le saint Prophète ﷺ», comme rapporté dans le hadith authentique[179].

Sakhawi mentionne l'explication du verset par al-Qadi Abou Bakr ibn al-Arabi à la même page: «*Celui qui se présentera à Allah avec une bonne action en sera récompensé au décuple*» (6:160). Il suggère que le verset se réfère à la bonne action de s'adonner aux bénédictions sur le Prophète ﷺ à la lumière du hadith précité.

Quiconque ose déclarer qu'il y a une limite en quantité, en qualité, en durée ou tout autre aspect d'implorer les bénédictions et la paix sur le Prophète ﷺ, a erré et s'est égaré du Coran, de la *sounna* et de l'Islam. Soyez avertis vous Musulmans qui aimez votre Prophète ﷺ – et tous les Musulmans aiment leur Prophète ﷺ – contre ceux qui dans vos rangs propagent de tels propos. Ce genre de personnes sont caractérisées par leur incapacité à faire la différence entre adoration et respect et font l'amalgame des deux. Encore, leur propagation de faux propos amplifie la haine des non Musulmans envers le symbole central de l'Islam, la paix et les bénédictions sur lui. Réduire les louanges sur le Prophète ﷺ sous le prétexte que «cela aboutirait à l'adorer» est imiter Iblis (Satan) qui refusa de se prosterner devant Adam ﷺ sous prétexte qu'il n'adore seulement qu'Allah.

---

[179] Al-Sakhawi, *al-Qawli al-badi* p.132.

Il en est de même pour ceux qui désirent éteindre la lumière d'Allah – mais Allah embellira Sa lumière bien que cela leur déplaise. Personne sinon un non Musulman oserait afficher un comportement hostile à l'enthousiasme des croyants à s'adonner aux bénédictions sur leur Prophète ﷺ. Leur enthousiasme provient directement de la propre joie du Prophète ﷺ lorsqu'il reçut la révélation de l'immense miséricorde accordée à sa Communauté quant à leur imploration de bénédictions sur lui. Sahl ibn Sad rapporta:

> Le Messager d'Allah sortit et rencontra Abou Talha. Ce dernier se leva et alla à sa rencontre, disant: «Que mon père et ma mère soient sacrifiés pour toi, Messager d'Allah! Je constate la joie et la gaité sur ton visage!» Le Prophète ﷺ dit: «Oui, Gabriel était juste venu me dire: «Ô Mouhammad! Quiconque de ta Communauté implore les bénédictions une fois sur toi, Allah écrit à son actif dix actions méritoires, lui efface dix mauvaises actions de son compte et l'élève de dix degrés en retour». al-Sakhawi dit: «Notre cheikh (Ibn Hajar) juge ce hadith de *hassan* sans le moindre doute».[180]

Une très importante autre raison pour une constante imploration de bénédictions sur le Prophète ﷺ est qu'il est établi dans ce hadith que la «*doua* ou l'invocation du croyant est suspendue entre ciel et terre aussi longtemps que l'imploration de bénédictions et de paix sur le Prophète ﷺ ne l'accompagne pas». Tirmidhi rapporta ce hadith d'Oumar et

---

[180] *Ibid.* p.107.

al-Qadi Abou bakr ibn al-Arabi le commente de la manière suivante:

> La chaîne des gens qui ont rapporté ce hadith est bonne et Malik et Mouslim l'ont cité quoique Bhoukari ne le mentionne pas. Un tel récit de la part d'Oumar ne peut être qu'une législation prophétique parce qu'il n'est pas sujet à discussion. Il est renforcé par la narration de Mouslim sur le récit du Prophète ﷺ: «Si vous entendez le *mouadhdhin*, répétez ce qu'il dit et faites des bénédictions sur moi... puis sollicitez Allah pour qu'Il m'accorde *al-wassila*.»[181]

Il est établi que s'adonner aux bénédictions sur le Prophète ﷺ est méritoire spécialement les Vendredis selon le hadith suivant:

> Implorez les bénédictions sur moi abondamment le vendredi parce que c'est un jour où (particulièrement) les anges en témoignent (abondamment). Aussitôt qu'une personne implore les bénédictions sur moi, ses bénédictions me sont présentées jusqu'à ce qu'elle cesse». Abou al-Darda dit: «Même après (ta) mort?» Le Prophète ﷺ répondit: «En vérité,

---

[181] Tirmidhi dans la section de son *Sounan* intitulé *Sifat al-salat ala al-nabi* et Ibn al-Arabi, *Arida al-ahwadhi* 2:273-274.

Allah a interdit à la terre de consommer le corps des prophètes».[182]

Le Prophète ﷺ confirma explicitement que le croyant est rémunéré lorsqu'il implore des bénédictions et la paix sur lui sans restriction, même s'il cesse toutes les autres formes de supplications. Cela est établi dans le hadith suivant:

> Oubayy ibn Kab dit: «Le Prophète ﷺ se réveillait après le tiers de la nuit. A l'une de cette occasion, il dit: «Ô gens! Souvenez-vous d'Allah! Le *rajifa* [le premier coup de la Trompette] est sur nous. Le *radifa* [le deuxième coup de la Trompette][183] le suit. La mort est présente». Oubayy dit: «*Ya rassouloullah! Inni oukthirou al-salata alayka fa kam ajal laka min*

---

[182] Rapporté par Ibn Majah avec une bonne chaîne à travers Abou al-Darda. De même avec une bonne chaîne d'Aws ibn Aws al-Thaqafi par Ahmad, Ibn Abi Chayba, Abou Dawoud, al-Nassai, Ibn Majah, al-Darimi, Ibn Khouzayma, Ibn Hibban, al-Hakim (*Sahih*, confirmé par Dhahabi), Tabarani dans son *Kabir* et Bayhaqi dans plusieurs ouvrages, certains commençant par: «Le meilleurs de vos jours est le vendredi car en ce jour fut crée Adam ﷺ et son âme fut prit, et c'est en ce jour que la Trompette sera soufflée et le Jour du Jugement aura lieu; Par conséquent, sollicitez abondamment les bénédictions sur moi le vendredi, » etc. La première partie (concernant l'ordre de s'adonner beaucoup aux *salawat* le vendredi et la présentation de cette requête au Prophète) est rapportée par Bayhaqi dans *Chouab al-iman* à travers Abi Oumama, Anas, Abou al-Ansari et par al-Hakim dans son *Moustadrak* de ce dernier. Chafii dans son *Mousnad* rapporte seulement la première partie («Implorez les bénédictions sur moi abondamment le vendredi») *moursal de Safwan ibn Salim*.

[183] Ce sont les résumés de Moujahid rapportés par Boukhari dans son *Sahih* (*Riqaq* Ch.43).

salati» (Ô Messager d'Allah! J'ai l'habitue de faire beaucoup de *salawat* sur toi. Combien de ma prière dois-je te dédier?) Le Prophète ﷺ dit: «Autant que tu voudras». Oubayy dit: «Un quart?» Le Prophète ﷺ dit: «Si tu veux, mais si tu augmentes ce serait mieux pour toi.» Ensuite Oubayy mentionna un tiers puis la moitié, ensuite les deux tiers, et toujours le Prophète ﷺ répondait: «Comme tu voudras, mais si tu en rajoutes ce serait mieux pour toi.» Finalement, Oubayy dit: «*Ya rassouloullah! Inni aridou an ajala salati koullaha lak»* (Ô Messager d'Allah ! Je veux te dédier toute ma prière). A cela, le Prophète ﷺ dit: «Tu n'auras plus de soucis, et tes péchés seront pardonnés». (Une version mentionne: «Allah te suffira dans ta vie mondaine et dans celle de l'au-delà».)[184]

Les savants de l'Islam ont fait plusieurs commentaires sur ce hadith important. Les commentaires suivants sont pris des *Fatawa hadithiyya* de Cheikh al-Islam Ibn Hajar al-Haythami et de *al-Qawl al-badi* de al-Sakhawi:

> (**Haythami**): On retient de ces narrations que le sens du mot *salat* dans l'expression: «Je te dédierai ma *salat»* est *doua* – supplication … Ensuite la signification est: «Il y a un temps où

---

[184] Rapporté par Tirmidhi (*Qiyama* 23 – *hassan sahih*), Ahmad (5:136, 2:527), Abou Dawoud (2041), al-Hakim (*sahih*), et al-Bazzar à travers diverses chaînes. Al-Dhahabi le rapporte de l'un de ses cheicks, Tahir ibn Abd Allah, al-Ajami dans *Moujam al-chouyouk*; *al-moujam al-kabir* (Taif: Maktabat al-siddiq, 1408/1988) 1 :311 (#342).

je fais des *doua* pour moi-même; Combien de cette *doua* dois-je te consacrer?» Si cela est établi, alors prend en considération ce que le Cheikh al-Islam *al-hafiz* Ibn Hajar dit comme cela est rapporté de lui par son élève *al-hafiz* al-Sakhawi qui enjoint son propos ci-après: «Ce hadith constitue un excellent principe de la religion pour quiconque implore et supplie après sa récitation: «Ô Allah! Accorde à notre Maître le Messager d'Allah, la récompense de cette prière».[185]

(**Sakhawi**): Dans ce hadith, *salat* signifie invocation (*doua*) et la dévotion quotidienne (*wird*) dans le sens suivant: « Il y a un temps où je supplie pour moi-même; combien dois-je-t'en consacrer?» Le Prophète ﷺ ne lui mit pas une limite en vue de ne pas lui fermer la porte à la surabondance. Ainsi, il continua à donner à Oubayy le choix et en même temps il insista sur un surplus d'imploration jusqu'à ce que Oubayy dise: «Je te consacrerai toute ma prière». Ce qui veut dire que j'implorerai les bénédictions sur toi au lieu de demander quelque chose pour ma propre personne. A la suite de quoi le Prophète ﷺ dit: «Tu n'aura plus de souci», c'est à dire n'ait pas de crainte pour ta Religion ou pour ton besoin mondain parce que s'adonner aux bénédictions sur moi renferme le fait de se souvenir d'Allah et

---

[185] Al-Haythami, *Fatawa hadithiyya* p.18.

PAS DE COMPARAISON ENTRE INTERCESSION ET L'ADORATION DE JÉSUS PAR LES CHRÉTIENS

rendre honneur au Prophète ﷺ. Le sens de ceci est une indication à Oubayy qu'en réalité il implore pour sa propre personne parce que le Prophète ﷺ dit à propos de Son Seigneur: « Quiconque est affairé à ne pas M'implorer parce qu'il se rappelle de Moi, Je lui accorderai le meilleur de ce que J'accorde à ceux qui m'implorent».[186] Sache ensuite que si toute ta prière consiste en sollicitation de bénédictions sur ton Prophète ﷺ, Allah te suffira dans tes affaires d'ici bas et de celles de l'au-delà.[187]

Malgré cela, selon le groupe des *boukhala*, les avares et miséreux, pratiquer ce que préconise le Prophète ﷺ à ce sujet «déboucherait à l'adorer»! Cette opinion «Salafie» est loin d'être celle du Coran et de la *sounna*. Pendant 1400 années d'imploration de *salawat* sur le Prophète ﷺ, plus abondamment par le passé qu'aujourd'hui, aucune adoration du Prophète ﷺ n'en a résulté. Comment pouvons-

---

[186] Rapporté d'Ibn Oumar par Tabarani avec une chaîne «qui n'est pas établie» *bi sanadin layyin* (c'est à dire les narrations d'un ou de plusieurs des narrateurs quoique retenues, nécessitent une vérification) d'après Ibn Hajar dans *Fath al-bari* (Béirout, 1989 éd. 11 :161, #6329). Cf. à la définition de *layyin* dans *Mouqaddimat Ibn al-Salah* (p.239 de l'édition Egyptienne de 1974) et *Taqrib* de Nawawi (p.51 de l'éd. De 1987 de Béirout). Cependant, Ibn Hajar considère ce hadith d'authentique (11 :177, #6345). Ce hadith est aussi rapporté par Boukhari dans son *Tarikh al-kabir* (2 :115), Abou Nouaym dans *al-Targhib* (1337), Ibn Abd al-Barr dans *al-Tamhid* (6 :46) et al-Bayhaqi dans *Chouab al-iman* (1 :413-414 #573-574). Rapporté aussi d'Abou Said par Tirmidhi (le dernier hadith de *Thawab al-Qouran* #2926, *hassan gharib*) avec l'expression «Quiconque est affairé avec le Qoran et Mon souvenir… »

[187] Al-Sakhawi, *al-Qawl al-badi* p.133.

nous alors craindre que ce phénomène se produise aujourd'hui? Peut être que les «Salafis» ont oublié que le Prophète ﷺ a spécialement dit: «Ceux qui sont plus proches de moi sont ceux qui implorent le plus de bénédictions (en *dounya*) sur moi»,[188] et «Toute assemblée de gens assis pour une longue période durant laquelle Allah n'est pas mentionné et aucune bénédiction n'est faite sur moi s'expose au mécontentement d'Allah ici bas (ou bien le Jour du Jugement). S'Il veut, Il les puni, et s'Il le veut Il les pardonne».[189] Au lieu de cela, ils sont préoccupés à empêcher les Musulmans d'exprimer leur amour pour le Prophète ﷺ à travers la sollicitation de bénédictions sur lui, la célébration de son anniversaire, la connaissance du récit de sa vie et l'exhortation mutuelle à le connaître et l'aimer plus que leurs propres parents et progénitures. Ces traits sont ceux que les ennemis de cette Communauté espèrent éradiquer. Aussi, nous connaissons notre Prophète ﷺ, nous tenons son statut en très haute révérence, nous préférons sa *sounna* à tout autre style de vie, et nous chérissons son amour en nous plus tendrement que notre vie et nos biens.

---

[188] Tirmidhi (hassan gharib), Ibn hibban dans son *Sahih*, al-Boukhari dans *Tarikh al-kabir*, Ibn Bachkouwal, Ibn Abi Assim, Abou Nouaym, al-Sakhawi dans *al-Maqassid al-hassana* (#266) et al-Qawl al-badi (p.125), et Bayhaqi dans *Chouab al-iman* (2:212-213 #1563-1564).

[189] Rapporté par Abou Hourayra et Aou said al-Khoudri par Ahmad, Tirmidhi (*hassan sahih*) au début du Livre de *Daawat*, Ibn Hibban dans son *Sahih*, Ibn Majah dans son *Sounan*, Ibn al-Sani dans *Amal al-yawm wa l-layla* p.443 et par al-Hakim dans le *Moustadrak* (1 :496) qui le considère de *sahih*.

Pas de Comparaison entre Intercession et l'Adoration de Jésus par les Chrétiens

La liste suivante rédigée par le hafiz al-Sakhawi énumère les récompenses acquises en s'adonnant aux bénédictions sur le Prophète ﷺ :[190]

Parmi les récompenses à celui qui performe *salat* sur le Messager d'Allah sont les suivantes:

La *salat* ou bénédiction d'Allah, de Ses anges et de Son Prophète ﷺ sur cette personne:

- L'expiation de ses fautes
- La purification de ses actions
- L'exaltation de son rang
- Le pardon de ses péchés
- La demande de pardon par sa propre *salat* pour lui
- Un gain de récompense pour lui à la mesure du Mont Ouhoud et un salaire en mesure surabondante
- Le confort dans ce monde et l'au-delà s'il dédie entièrement sa *salat* en invoquant les bénédictions sur lui
- L'annulation de plus de fautes que celles qui résultent de l'affranchissement d'un esclave
- Sa délivrance d'afflictions due à la *salat*
- Le Prophète ﷺ lui-même en témoigne
- La garantie de l'intercession du Prophète ﷺ pour lui
- Le plaisir, la miséricorde d'Allah et la protection contre Sa colère

---

[190] Sakhawi dans son livre dévoué au sujet intitulé *al-Qawl al-badi fi al-salat ala al-habib al-chafi* (Le rayonnant discours concernant l'imploration de bénédictions sur le bien-aimé intercesseur).

- Son admission sous l'ombre du Trône
- La prépondérance de ses bonnes actions dans la balance
- Son admission à boire à la fontaine du Prophète ﷺ
- Sa protection contre la soif et sa délivrance de l'enfer
- Son habilité à traverser le pont de manière prompte
- La vue de sa place au paradis avant qu'il ne meurt
- Plusieurs épouses au paradis
- La prépondérance de sa *salat* sur plus de vingt conquêtes militaires
- Son équivalence en aumônes données aux nécessiteux
- Elle devient *zakat* et purification pour lui
- Sa richesse augmentera à cause de sa bénédiction
- Plus de cent de ses besoins seront accomplis à travers elle
- Elle constitue une adoration
- Elle est la plus méritoire des actions
- Elle embellie les assemblées
- Elle élimine la pauvreté et la contrainte matérielle
- Elle lui fait espérer et accéder à la bonté partout
- Elle fait de lui le plus apte à recevoir la bonté
- Il en bénéficie, aussi bien que ses enfants et les leurs, de même qu'à ceux auxquels sa

PAS DE COMPARAISON ENTRE INTERCESSION ET L'ADORATION DE JÉSUS PAR LES CHRÉTIENS

récompense est dédiée dans le registre des bonnes actions
- Elle rapproche d'Allah et de Son Prophète ﷺ
- Elle est une lumière qui l'aide contre ses ennemis
- Elle purifie son cœur de l'hypocrisie et de la corrosion
- Elle commande l'amour des gens et la vue du Prophète ﷺ dans les rêves
- Elle empêche la médisance (*ghiba*) contre lui

En résumé, s'adonner aux bénédictions sur le Prophète ﷺ figure parmi les actes les plus bénis et méritoires, les œuvres les plus louables dans ce monde. Elle procure des récompenses appréciables et bien au-delà de cela pour ceux qui sont futés et avides d'acquérir des œuvres qui feront partie de leurs trésors, de moissonner les espoirs les plus florissants et les plus rayonnants. En vérité, s'adonner aux bénédictions sur le Prophète ﷺ renferme toutes ces œuvres méritoires, la noblesse du caractère, et des bienfaits englobants et abondants qu'on ne pourrait acquérir par le biais de quelque action ou discours humain que ce soit sauf: «*sallahou alayhi wa sallama tasliman kathiran* – qu'Allah le bénisse et le salue abondamment.[191]

---

[191] Al-Sakhawi, *al-Qawl al-badi* p.98.

1. L'Invocation de Cheikh al-Islam al-Hafiz Taqi al-Din al-Soubki à la Recherche des Moyens d'Approche à Allah

La supplication de *tawassoul* qui suit est celle de Cheikh *al-Islam al-hafiz* Taqi al-Din al-Soubki à travers le Prophète ﷺ. Elle est extraite de ses *Fatawa*, Vol. 1 p.274, au début de la *fatwa* intitulée «*Tanazzoul al-sakina ala qanadil al-Madina*» (La descente de tranquillité et de la paix sur les nuits illuminées de Médine).

Translittération:

Al-hamdou lillahi al-ladhi assadana bi nabiyyihi sallallahou alayhi wa sallama saadatan la tabid

Wa achahadou an la ilaha illallahou wahdahou la charika al-wali al-hamid

Wa achhadou anna mouhammadan abdouhou wa rassoulou al-hadi ila koulli amrin rachid

Sallallahou alayhi wa ala alihi salatan taliqou bi jalalihi la tazalou talou wa tazid

Wa sallama tasliman kathiran ila yawm al-mazid

Wa bad fa inna Allaha yalamou anna koulla khayrin ana fihi

Wa manna alayya bihi fa houwa bi sababi al-nabiyyi

Sallallahou alayhi wa sallama wa iltijai ilayh

Wa itimadi fi tawassouli ila Allahi fi al-dounya wa al-akhira

Wa kam wassilati ila Allahi fi al-dounya wa al-khira wa kam lahou alayya min niamin batinatin wa zahira.

Pas de Comparaison entre Intercession et l'Adoration de Jésus par les Chrétiens

Traduction:

Toutes les louanges sont à Allah Qui nous a bénis avec Son Prophète ﷺ d'une félicité sans fin.

J'atteste qu'il n'y a aucune divinité sauf Allah seul sans partenaire, le Saint, le Glorieux.

J'atteste que Mouhammad est Son serviteur et Messager, le guide à toute chose vraie.

Qu'Allah, d'une manière qui sied à Sa Majesté, répande les bénédictions et la paix sur lui, des bénédictions qui augmentent continuellement et une surabondance de paix jusqu'au Jour du Jugement.

En effet, Allah sait que toute bonté qu'Il m'a accordée dans ma vie émane d'une cause: le Prophète ﷺ, et il est mon recours.

Je m'en remets à lui en tout ce qui me concerne dans ma recherche des moyens d'approcher Allah.

En vérité, il est mon moyen d'approche à Allah dans ce monde et celui de l'au-delà.

Et les faveurs d'Allah dont je lui suis redevable, le visible et l'invisible sont trop nombreuses à énumérer.[192]

Voici le langage majoritaire en l'Islam. Nous embrassons et acceptons ce langage qui est sans ambiguïté. Ceux qui ont des cœurs malades le rejettent. Les louanges sont à Allah, le Seigneur des Mondes. Le paragraphe suivant est une brève description de la stature de Soubki en tant

---

[192] Fin de la *fatwa*.

qu'Imam en Islam selon la biographie faite par Nouh Keller dans *Reliance of the Traveler*:

> Abou al-Hassan Taqi al-Din al-Soubki (683-756 /1284-1355) est le fils et père d'illustres savants et juristes, tous de l'école Chafi'i. Il était un expert de hadith (*hafiz*), exégète Coranique et un juge qui fut décrit par Ibn Hajar Haythami comme «l'Imam *moujtahid* dont l'Imama, le talent, la capacité d'*ijtihad* (la compétence à faire un raisonnement indépendant) sont unanimement reconnus», par Dhahabi comme «le plus savant, éloquent et sage de tous les cheikhs de l'époque» et par Sakhawi comme «l'un de ceux qui sont nommés *Cheikh al-Islam*» avec son fils Taj al-Din. Souyouti dit de lui: « Il fut l'auteur de plus de 150 œuvres, ses écrits étalant sa profonde connaissance du hadith et dans d'autres domaines de même que sa maîtrise des sciences Islamiques. Il enseigna les savants les plus érudits de son temps, et il fut inlassablement assoiffé de précision, et brillant dans les débats relatifs à ces disciplines. Aucun savant avant lui n'a pu atteindre son niveau dans la Loi Sacrée, dans sa maîtrise en matière de déduction, dans sa subtilité dans les détails et sa rigoureuse élaboration des principes de méthodologie». Salah Din Safadi dit de lui: «Les gens disent qu'il n'y eut pas d'égal depuis Ghazali, quoique à mon avis, on lui fit injustice

en cela, car à mon avis il n'est pas inférieur à Soufyan al-Thawri». Avec sa grande érudiction, il fut de même un pieu ascétique dans sa vie qu'il voua à l'adoration et au *tassawwouf* bien qu'étant vigilant et ne faisant aucun compromis en matière de religion et étant prêt à dénoncer toute innovation ou tout écart des principes de la foi des Sounnis.

2. Daroud Taj: L'Imploration de Bénédictions Sur Le Prophète ﷺ Connues comme «L'Invocation De La Couronne»

Ce qui suit est la translittération et la traduction de la fameuse imploration de bénédictions sur le Prophète ﷺ intitulée *Daroud Taj* ou «L'invocation de la Couronne» qui est très bien connue dans le sous-continent Indien:

Translittération

Allahoumma salli ala sayyidina wa mawlana Mouhammad sahibi al-taji wal-miraji wal-alam

Dafi al-balai wal-wabai wal-qahti wal-maradi wal-alam

Ismouhou maktouboun marfououn manqouchoun fi al-lawhi wal-qalam sayyidi al-arabi wal-ajam

Jismouhou mouqaddassoun mouattaroun moutahharoun mounawwaroun fil-bayti wal-haram

Chams al-douha badr al-douja sadr aloula nour al-houda

Kahf al-wara misbah al-zoulam

L'Intercession

Jamil al-chyam chafi al-oumam sahib al-joudi wal-karam

Wallahou assimouhou wa jibrilou khadimouhou wal-bouraqou markouhou

Wal-mirajou safarouhou wa sidratou al-moutaha maqamahou

Wa qaba qawsayni matloubouhou

Wal-matloubou maqsoudouhou wal-maqsoudou mawjoudouhou

Sayyid al-mousalin khatim al-nabiyyin

Chafi al-moudhnibin anis al-gharibin

Rahmatoun li al-alamin

Rahat al-achiqin mourad al-moushtaqin

Chams al-arifin siraj al-salikin misbah al-mouqarrabin

Mouhibb al-fouqara wal-massakin

Sayyid al-thaqalayn

Nabiyy al-haramayn imam al-qiblatayn

Wassilatina fi al-darayn

Sahibi qaba qawsayn

Mahboub rabbi al-machriqayni wal-maghribayn

Jadd al-hassani wal-houssayn

Mawlana wa mawla al-thaqalayn

Abi al-Qassimi **Mouhammad** *ibni Abdillah*

Nourin min nourillah

Ya ayyouha al-mouchtaqouna bi nouri jamalihi

Sallou alayhi wa alihi wa sallimou taslima

Pas de Comparaison entre Intercession et l'Adoration de Jésus par les Chrétiens

Allahoumma salli ala Mouhammadin wa ala ali Mouhammadin wa sallim

Traduction:

Ô Allah! Répands Tes bénédictions et La Paix sur notre Maître et Patron Mouhammad,

Le détenteur de la Couronne, de l'Ascension, du Bouraq et de l'Etendard

Le bouclier contre l'Affliction, la Sécheresse, la Maladie et la Douleur.

Son nom est écrit au haut, honoré et gravé dans le Tableau et le Calame,

Le Leader de tous, Arabes et non Arabes dont le corps est sanctifié, parfumé et pur, illuminé dans la Maison et le Haram.

Le Soleil de la clarté, la Pleine Lune dans l'Obscurité,

Le summum dans les sphères les plus élevées, la Lumière directrice,

La caverne de Refuge des Mortels, la Lampe qui dissipe la nuit,

Le Bien-Elevé, l'Intercesseur des Nations,

Le détenteur de Miséricorde et la Générosité.

Allah est son défenseur, Gabriel son serviteur.

Le Bouraq est sa monture, l'Ascension est son voyage,

Le Lotus de la Limite Ultime est son rang,

Deux portées d'arc ou moins est son désir,

L'Intercession

Son désir est son but, et il a trouvé son but,

Le maître des Messagers, le Sceau des Prophètes,

L'intercesseur des pécheurs, l'ami des inconnus,

La Miséricorde des Mondes,

La quiétude de ceux qui brûlent d'amour, le but de ceux qui languissent,

Le Soleil des connaisseurs, la lampe des voyageurs,

La lumière de Ceux qui jouissent de la proximité,

L'ami du pauvre et du nécessiteux,

Le maître des Humains et des Djinns,

Le Prophète des deux Sanctuaires,

L'Imam des deux qiblas,

Notre recours dans les deux Demeures,

Le détenteur de qaba qawsayn,

Le Bien-aimé du Seigneur des deux Est et des deux Ouest,

Le grand-père d'al-Hassan et d'al-Houssayn,

Notre patron et le patron des humains et des Djinns:

Abou al-Qassim **Mouhammad** *Fils d'Abd Allah,*

Une lumière de la lumière d'Allah.

Ô vous qui aspirez à la lumière de sa beauté!

Invoquez les bénédictions et vos meilleures salutations de paix sur lui et sur sa famille.

3. Une Autre Imploration de Bénédictions Sur le Prophète ﷺ

Une autre imploration de bénédictions et de paix bien connue sur le Prophète ﷺ est celle qui figure dans le paragraphe ci-dessous. Certaines expressions de cette supplication viennent des Ansar qui saluèrent avec joie le Prophète ﷺ et avec un débordement d'acclamations lorsqu'il entra à Médine au cours de son émigration[193]. Le Compagnon al-Bara ibn Azib rapporta au sujet de ce chapitre:

> Les premiers gens qui vinrent à nous (à Médine) furent Moussab ibn Oumayr et Ibn Oumm Maktoum qui enseignèrent le Coran aux gens. Ensuite vint Bilal, Sad et Ammar ibn Yassir. Puis vint Oumar ibn al-Khattab accompagné de vingt autres Compagnons du Prophète ﷺ. Plus tard, le Prophète ﷺ lui-même vint, et je ne vis jamais les gens de Médine aussi joyeux comme ils le furent à l'arrivée de l'apôtre d'Allah, car même les filles esclaves disaient: «L'apôtre d'Allah est arrivé». Avant son arrivée, j'avais déjà mémorisé la *Sourah* commençant par «*GLORIFIE LE NOM DE TON SEIGNEUR LE TRES HAUT*» (87:1) ensemble avec d'autres *Sourah d'al-Moufassal*[194].

---

[193] Voir la section ayant rapport à *al-Bidaya wa al-nihaya* d'Ibn Kathir.
[194] La traduction anglaise de *Sahih Boukhari*, Volume 5, Livre 58, n°262. *Al-Moufassal* est un nom de la dernière partie du Coran commençant avec la *Sourah al-Houjourat* ou *Sourah Qaf* ou *Sourah al-Ala*.

L'INTERCESSION

Le Prophète ﷺ dit: «J'ai été envoyé à tous les gens sans exception»[195] et «Je n'ai été envoyé que comme une miséricorde. Je n'ai pas été envoyé comme une punition.»[196]

Invocation:

ya nabi salam `alayka

ya rassoul salam `alayka

ya habib salam `alayka

salawatoullah `alayka

Ô Prophète! Que la Paix soit sur toi.

Ô Messenger! Que la paix soit sur toi.

Ô Bien-aimé! Que la paix soit sur toi.

Les Bénédictions d'Allah sur toi.

tala`a al-badrou `alayna

min thaniyyat al-wada`

wajaba al-choukrou `alayna

ma da`a lillahi da`

La pleine lune s'est levée sur nous

Des montagnes d'al-Wada`.

Nous en serons à jamais reconnaissants

Aussi longtemps qu'il y aura des gens qui appellent à Allah.

---

[195] *Bouithtou ila al-nassi ammatan kaffatan*. Rapporté par Ahmad (3:304), Bayhaqi dans le *Sounan* (2:433), Ibn Kathir dans son *Tafsir* (2:112, 281, 3:389, 4:397, 6:101, 506, 512), Tabarani dans le *Kabir* (12:413) et autres. Al-Haythami dit dans *Majma al-zawaid* (8:259-261): «Les narrateurs dans la chaîne d'Ahmad sont dignes de confiance.»

[196] Rapporté par Mouslim dans son *Sahih*: *innama bouithou rahmatoun wa lam oubathou adhaban*.

PAS DE COMPARAISON ENTRE INTERCESSION ET L'ADORATION DE JÉSUS PAR LES CHRÉTIENS

anta chamsoun anta badroun
anta nouroun fawqa nour
anta iksirou al-woujoud
anta misbah al-soudour

Tu es un soleil, tu es une pleine lune,
Tu es lumière sur lumière,
Tu es la quintessence de l'existence,
Tu es la lampe dans chaque poitrine

achraqa al-badrou `alayna
fakhtafat minhou al-boudour
mithla housnik ma ra'ayna
qattou ya wajh al-sourour

La pleine lune s'est levée sur nous
Eclipsant toutes les autres lunes.
Ta beauté est telle que nous n'en avons jamais vue
Non, jamais, Ô visage de joie!

ya habibi ya Mouhammad
ya `arous al-khafiqayn
ya mou'ayyad ya moumajjad
ya imam al qiblatayn

Ô Mon bien-aimé! Ô Mouhammad!
Ô époux de l'Est et de l'Ouest!
Celui qu'Allah protégea de tout blâme et éleva haut en dignité,
Ô Imam des Deux Directions!

ya nabi salam `alayka

ya rasoul salam `alayka

ya habib salam `alayka

salawatoullah `alayka

D'abondantes Bénédictions et Salutations sur le Prophète ﷺ, sa famille et ses Compagnons.

V. Albani reformule la supplication du Prophète ﷺ dans la recherche des moyens d'approche à Allah

Les paragraphes suivants sont une réfutation concise d'une récente dissertation par le cheikh «Salafi» Albani, intitulée *Tawassoul: Ses genres et ses règles*. La traduction de la dissertation est couramment distribuée aux Musulmans d'expression anglaise par les supporteurs d'Albani en vue de remplacer la position des *Ahl Sounna wa jama'a* concernant *tawassoul* (rechercher des moyens pour se rapprocher d'Allah)[197] avec l'idéologie «Salafie». Comme nous le verrons par la permission d'Allah, le commentaire d'Albani au contraire est une preuve contre les «Salafis» et ceux qui adhèrent à l'enseignement innové au lieu de s'en tenir à celui des savants d'*Ahl Sounna wa jama'a* (ou *sawad al-azam*. Leurs déclarations qu'il y a «un désaccord au sujet de *tawassoul*» et que «nous suivons les preuves et non les savants» sont fausses. Il n'y a pas de désaccord parmi les savants du courant principal (*Ahl Sounna wa jama'a*) de l'Islam au sujet de *tawassoul* à l'exception de l'objection de quelques individus isolés. Par exemple, Ibn Taymiyya déclara qu'entreprendre un voyage pour visiter le Prophète ﷺ est un acte de désobéissance. Ceci ne constitue pas un désaccord mais plutôt *choudhoudh* ou déviation comme cela fut classifié par l'Imam Ahmad en référence à la divergence singulière d'un savant contre le consensus. Albani doit être

---

[197] Albani, *Tawassoul* p.69.

classé dans la même catégorie de contestataires comme cela est prouvé dans les discussions suivantes de son livre:

> L'Imam Ahmad permis le *tawassoul* seulement au moyen du Prophète ﷺ et d'autres tels que l'Imam Shawkaanee permirent le *tawassoul* à travers lui, les autres prophètes et les pieux. [Notons qu'il omet de mentionner que les Imams Malik et Chafii ont permis aussi le *tawassoul*.] **Cependant, nous (c'est à dire Albani et son parti), comme c'est le cas dans toutes les affaires où il y a un désaccord, suivons tout ce qui est supporté par une preuve quelconque sans suivre aveuglement les opinions des gens.**[198]

La prétention d'Albani de percevoir des preuves contre la compréhension de la majorité est la caractéristique de la méthode «Salafie». Comme cela n'est pas étranger aux savants qui ont débattus avec eux, l'approche «salafie» est caractérisée par le rejet de tout principe établi concernant le traitement des sources primaires. Traditionnellement, les savants d'*Ahl sounna wa jama'a* se familiarisent avec la jurisprudence et les principes dérivés émanant des autres écoles, mais cela n'est pas le cas avec les «salafis». Ils n'ont aucun type de méthode et constamment varient d'une position à une autre selon le sujet en cours. Albani a acquis une popularité particulière, contaminant l'arène relative à la science des hadiths avec un style injustifié et amateur.

---

[198] Albani, *Tawassoul* p.38

V. Albani reformule la supplication du Prophète

Comme nous le verrons dans ce qui va suivre sur la *salat*, **Albani a en réalité suggéré une transformation de la prière** en remplaçant l'expression *as-salamou alayka ayyouha al-nabi* par *as-salamou ala al-nabi* dans la *tachahhoud*. Alors que le Prophète ﷺ dit de manière explicite comme cela fut rapporté par Boukhari et Mouslim: «Priez comme vous m'avez vu prier» et «Quiconque innove quelque chose dans cette affaire qui est la notre (c'est à dire la religion), c'est *radd* (à rejeter». Encore, Albani essaie de changer le *tawassoul* à travers le Prophète ﷺ qui fut valide aux yeux de tous les gens et en tout temps, pour le réduire en une supplication ponctuelle valable seulement pour la personne contemporaine du Prophète ﷺ qui a recherché son intercession. Encore comme le Prophète ﷺ l'a dit: «Rien n'empêche ce qu'Allah a accordé, et rien n'échappe à Son décret».[199]

1. La déformation du Hadith en lui-même par Albani

De son livre sur le *tawassoul*:

Il est rapporté par Ahmad et autres avec une chaîne de narration authentique de la part d'Outhmaan bin Haneef [sic] «qu'un aveugle vint au Prophète ﷺ et dit: «supplie Allah pour moi afin que je recouvre ma vue». Ainsi il ﷺ dit: «Si tu veux je supplierai pour toi et si tu veux je la retarderai car c'est mieux (et dans une narration: et si tu veux, sois patient et c'est mieux pour toi)». Alors il dit: «Supplie-Le». A cet effet, le Prophète ﷺ lui ordonna de faire

---

[199] Boukhari, Mouslim, Abou Dawoud et Ahmad.

woudou et de parfaire le *woudou* et de prier deux *rakahs* et de supplier avec cette *dou'aa*: «O Allaah je te demande et me tourne vers toi au moyen de ton Prophète Mouhammad, le Prophète de miséricorde, O Mouhammad je me tourne par ton moyen (c'est à dire ton d*ou'aa*) [sic] vers mon Seigneur pour mon besoin afin qu'il soit exaucé, O Allaah accepte-le comme suppliant en mon nom, et accepte ma supplication pou lui (pour qu'elle soit agréée) [sic]» Il dit: «L'homme le fit, et il fut guéri».[200]

1. Albani ou son traducteur se trompe dans le nom du narrateur. Il s'agit du compagnon Outhman ibn Hounayf et non Haneef et son nom en entier est Abou Amr Outhman ibn Hounayf ibn Wahb de Aws, qu'Allah soit satisfait de lui.[201]

2. Ce que le hadith dit est: «Ô Mouhammad! Je me tourne **avec toi** (*bika*) vers mon Seigneur». Ce n'est pas: «Ô Mouhammad! Je me tourne au moyen de ton *doua* (*bi douaika*) vers mon Seigneur. » Nous verrons que cette flagrante substitution par un autre terme au lieu du terme explicite du hadith est propre à Albani dans sa tentative de reformuler le hadith du Prophète ﷺ.[202]

---

[200] Albani, *Tawassoul* p.68
[201] Ibn Hajar, *al-Isaba* 4:220 #5427.
[202] La complète et fidèle traduction de ce hadith est citée dans les pages dans la section intitulée *Rechercher les Moyens à travers le Prophète*.

3. L'expression finale de l'aveugle n'est pas: «Et accepte ma supplication pour lui», et ce ne peut pas être le cas non plus dans la mesure où il ne priait pas pour le Prophète ﷺ mais pour soi-même. Il implorait Allah de l'aider au moyen de l'intercession du Prophète ﷺ et non par la sienne.

Le texte original en Arabe est (dans l'une des deux versions d'Ahmad): «*Wa tachaffani fihi*» qui doit être traduite par «Et enjoint-moi à lui en Te suppliant» (c'est à dire enjoint ma supplication à la sienne)» puisqu'il est bien conscient du fait que l'écho de sa supplication augmentera de manière exponentielle s'il a l'appui du Prophète ﷺ.

On peut tolérer la fausse suggestion que l'aveugle ne pria pas non seulement pour l'intercession du Prophète ﷺ pour lui mais aussi pour sa propre intercession pour le Prophète ﷺ, comme le résultat d'une mauvaise traduction. Cependant, la mauvaise traduction est aussi délibérée que la mauvaise interprétation de «Ô Mouhammad! Je me tourne au moyen de ton *doua* à mon Seigneur». Albani, comme nous le verrons, essaie d'introduire la prétendue *doua* de l'aveugle en faveur du Prophète ﷺ comme une preuve pour appuyer son idée que le *Tawwasoul* dans le hadith est par le moyen de la supplication (*doua*) et non par le moyen de la personne du Prophète ﷺ.

En plus, l'expression de la requête finale de l'aveugle «et joint-moi à lui en Te suppliant» n'est pas dans toutes les versions. Elle n'existe pas dans la première des deux versions d'Ahmad ni dans la version de Tirmidhi, ni dans la version d'Ibn Madja, ni dans la version de Nasai, ni dans la version retenue par l'Imam Nawawi dans ses *Adhkar*[203]. Pourquoi alors Albani le cite comme étant le texte original au lieu de le mentionner entre parenthèses comme il le fait avec la phrase «et dans une narration: et si tu es patient ce sera mieux pour toi?» C'est parce que, comme cela a été dit, il veut que le hadith entier soit centré sur le *tawassoul* à travers le *doua* du Prophète ﷺ et non sur sa personne, et il veut utiliser le supposé *tawassoul* de l'aveugle à travers son *doua* comme une preuve supplémentaire à son affirmation comme nous le verrons dans les paragraphes à suivent.

2. La Contestation et le Mépris d'Albani pour les Savants

Albani continue:

Les opposants soutiennent que le hadeeth montre qu'il est permissible de faire le *tawassoul* dans la *dou'aa* par le statut du Prophète ﷺ et autres gens pieux dans la mesure où le Prophète ﷺ enseigna à l'aveugle de l'utiliser comme un moyen de rapprochement dans son *dou'aa*, et l'aveugle le fit, et sa vue fut rétablie.[204]

Remarquons ce qu'Albani dit: «Les opposants» quoique ce soit lui qui ait fait opposition à quelque chose d'établie en Islam. C'est lui qui inventa que ce n'est pas à travers le statut (*hourma*) du Prophète ﷺ ou sa personne (*dhaat*) que le *tawassoul* est permis mais à travers sa

---

[203] Nawawi, *al-Adhkar* (Taif : Matkata al-mouayyad, 1408/1988) p.239 #562
[204] Albani, *Tawassoul* p.69.

V. Albani reformule la supplication du Prophète

supplication (*doua*). Il est lui-même en contradiction ouverte à la compréhension des Salaf y compris Moujahid, l'Imam Malik[205], l'Imam al-Chafii[206], l'Imam Ahmad[207], Ibrahim al-Harbi, al-Chawkani (comme nous l'avons déjà vu), Ibn al-Jawzi, Nawawi, Ibn al-Houmam et Ibn al-Qayyim (voir ci-après).

Albani continue:

> En ce qui nous concerne, que [sic] nous soutenons que le hadeeth ne comporte aucune preuve de ce genre de *tawassoul* au sujet duquel il y a un désaccord, qui est de chercher un rapprochement au moyen de sa personne. Au contraire, c'est une preuve supplémentaire pour le troisième type de *tawassoul* licite et

---

[205] L'Imam Malik dit à al-Mansour dans la mosquée du Prophète à Médine: « Fait-lui face [le Prophète] et demande son intercession (*istachfi bihi*).» Cité par Qadi dans *al-Chifa* (2:92-93) avec une bonne chaîne (*sahih*), cité aussi par al-Samhoudi dans *Khoulassat al-Wafa*, Soubki dans *Chifa al-siqam*, Qastallani dans *al-Mawahib al-ladouniyya*, Ibn Jamaa dans *Hidayya al-salik* et Haytami dans *al-Jawhar al-mounazzam* et *Touhfat al-zouwwar*. Voir aussi Ibn Abd al-Hadi dans *al-Sarim al-mounki* p.244. Ibn Jamaa dit dans *Hidayat al-salik* (3:1381): «Rapporté par les deux hafiz Ibn Bachkouwal et al-Qadi Iyad dans *al-Chifa* après lui et aucune attention n'est portée à l'opinion de ceux qui affirment qu'il est purement forgé sur la base de ses désirs vains.

[206] L'Imam Chafii dans son *Diwan* déclara sa dépendance au *tawassoul* à travers la famille du Prophète, et il fit aussi le *tawassoul* à travers l'Imam Abou Hanifa comme cela est rapporté dans *al-Sawaiq al-mouhriqa* en plusieurs endroits et *al-Khayrat al-hissan* p.63.

[207] Rapporté par Ala al-Din al-Mardawi dans son livre *al-Inssaf fi marifat al-rajih min al-khilaf ala madhhab al-Imam al-moubajjal* Ahmad ibn Hanbal (3:456). [Voir ci-dessus].

> prescrit que nous avons mentionné auparavant [c'est à dire à travers le *dou'aa* d'une autre personne] puisque le *tawassoul* de l'aveugle fut à travers son ﷺ *dou'aa*, et les preuves de ce que nous disons sont nombreuses dans le hadeeth lui-même, ce qui est très important.[208]

Au contraire, les Musulmans croient comme Ibn al-Jawzi dit: «C'est à travers la personne et le statut du Prophète ﷺ et non seulement à travers sa supplication (*doua*) que l'on fait le *tawassoul*. Ceci est clair comme il l'est prouvé dans l'extrait suivant:[209]

> Une raison de sa supériorité aux autres prophètes est le fait qu'Adam ﷺ demanda à Son Seigneur à travers le statut sacré (*hourma*) de Mouhammad, et c'est ainsi qu'Il recourra à lui comme nous l'avions déjà mentionné.[210]

L'importance de cette remarque ne réside pas dans la véracité du hadith qui ressort d'une autre discussion – quoique Ibn al-Jawzi le considère nettement authentique – mais dans la déclaration d'Ibn al-Jawzi que le *tawassoul* est correct s'il est fait à travers le statut du Prophète ﷺ. Ceci est suffisant comme une preuve que le *aqida* ou la doctrine concernant le *tawassoul* d'Ibn al-Jawzi contredît pleinement celle d'Albani et de ses disciples. Cela revient à décider lequel est plus proche de la pratique de la *sounna*: Les

---

[208] Albani, *Tawassoul* p.69.
[209] Ibn al-Jawzi, de son chapitre concernant la supériorité du Prophète ﷺ sur les autres prophètes dans *al-Wafa*. (Béirout: Dar al-koutoub al-ilmiyya, 1408/1988).
[210] *Ibid*.p.365.

V. ALBANI REFORMULE LA SUPPLICATION DU PROPHÈTE

Imams, *ouffaz* et historiens d'un côté ou les polémistes et savants des livres?

En vérité, la position d'Albani n'est pas fondée sur les mots explicites du hadith mais sur leurs interprétations figuratives. Le hadith dit clairement *bi nabiyyika* c'est à dire avec/au moyen/à travers Ton Prophète☆. Quoiqu'il soit évident que cela ne signifie pas «à travers le *doua* de Ton Prophète☆», Albani ne fournit aucune justification pour son recours à l'interprétation figurative sur un sujet où le sens littéraire est clair et vrai.

Albani dit:

> La raison pour laquelle l'aveugle vint au Prophète☆ était pour qu'il fasse une supplication pour lui: «Supplie Allah pour moi afin qu'Il me guérisse». Alors, il a recherché sa ☆ *dou'aa* comme un moyen de rapprochement à Allah, Le Plus Haut, puisqu'il savait que sa ☆ supplication avait plus de chance d'être acceptée par Allah que celle des autres, et si l'intention de l'aveugle avait été le rapprochement à Allah au moyen de la personne du Prophète ☆ ou de son statut ou de son droit, alors il n'aurait eut pas besoin d'aller au Prophète ☆ ou de lui demander de faire *dou'aa* pour lui; au contraire, il serait rester chez lui et supplier son Seigneur, disant par exemple: «O Allah! Je Te demande par le statut de Ton Prophète ☆ et son rang auprès de Toi afin que Tu me guérisses, et que Tu me redonnes ma vue». Mais ce ne fut pas ce qu'il

fit. Pourquoi? Parce qu'il était un arabe et connaissait bien le sens de «*tawassoul*» dans la langue arabe et savait que ce n'était pas un mot prononcé par une personne dans un besoin, mentionnant le nom d'une personne comme intermédiaire, mais consistait plutôt à aller vers quelqu'un qu'il croyait être pieux et bien imprégné de la connaissance du Livre et de la Sunnah et lui demander à ce qu'il fasse *dou'aa* pour lui.[211]

Cet argument est entièrement spéculatif et la *Charia* ne dérive pas de la spéculation. Les faits sont clairs. La règle ne dérive pas seulement du fait que l'aveugle vint au Prophète ﷺ mais du hadith en entier. L'aveugle vint pour demander la *doua* du Prophète ﷺ, et le Prophète ﷺ lui enseigna une forme de *doua* qu'il devrait réciter après avoir fait le *woudou* et prier deux *rakats*. Dans la *doua*, le Prophète ﷺ lui apprit de surcroît à faire le *tawassoul* avec certaines expressions claires et explicites. Ces mêmes expressions furent utilisées du temps d'Outhman ibn Affan, après le temps du Prophète ﷺ. Cette personne dans le besoin n'était-il pas un Arabe qui connaissait très bien le sens de *tawassoul* dans la langue Arabe?

Concernant le hadith de l'homme dans le besoin que nous avons déjà cité en entier auparavant, Cheikh Youssouf al-Rifai écrit dans sa réfutation à une «Critique Salafi»: « Ceci est un texte explicite sans équivoque d'un Compagnon du Prophète ﷺ prouvant la validité de *tawassoul* à travers un

---

[211] Albani, *Tawassoul* p.69.

V. ALBANI REFORMULE LA SUPPLICATION DU PROPHÈTE

mort».[212] Cheikh Mouhammad al-Hamid (1910-1969) a écrit: «En ce qui concerne faire appel au vertueux (lorsqu'ils sont physiquement absents, comme dans l'expression Ya Mouhammad dans le hadith d'Outhman ibn Hounayf), le *tawassoul* à Allah Le Très Haut à travers eux est permis, la supplication (*doua*) étant à Allah Le Plus Glorieux, et il y a plusieurs preuves que c'est permis. Ceux qui leur font appel dans l'intention de *tawassoul* ne sont pas à blâmer».[213] Les Cheikhs al-Sayyid Youssouf al-Rifai, Mouhammad al-Hamid et Abd Allah al-Ghoumari ne sont-ils pas aussi Arabes connaissant très bien le sens de *tawassoul*?

Les Imams, Ahmad, Chawkani et Ibn al-Jawzi ne sont-ils pas aussi Arabes connaissant très bien le sens de *tawassoul*? Qu'en est-il des Imams Nawawi et Ibn al-Houmam cités ci-dessous reconnus avoir dit à chaque visiteur au Prophète à Médine de le prendre comme un moyen dans le *tawassoul*? Ne sont-ils pas Arabes connaissant très bien le sens de *tawassoul* dans le langage Arabe? Tous ces savants renommés ne semblaient pas avoir le même problème qu'Albani avec le langage de *tawassoul* ni avec le fait que le *tawassoul* est fait par une personne avec le nom d'une autre personne comme intermédiaire.

Albani continue:

> Le Prophète ﷺ promit qu'il fera *dou'aa* pour lui après l'avoir conseillé de ce qui serait mieux pour lui, et voici ce qu'il ﷺ lui dit: «Si tu veux,

---

[212] Cheick Youssouf al-Rifai, « La preuve de la Communauté Sunni » '*Adilla ahla al-sounna wa al-jamaa*).

[213] Nouh Keller dans son « Les réfutations des Mensonges » (*Roudouf ala abatil*). Les deux sont cités dans *The Reliance of the Traveller* p.936-940.

je supplierai pour toi, et si tu es patient, ce serait mieux pour toi». Et cette deuxième partie est ce qu'il ﷺ indiqua dans le hadith qu'il rapporta de son Seigneur, le Béni et Le très Haut: «Lorsque J'afflige Mon serviteur aux deux qu'il aime c'est à dire ses yeux, et s'il est patient, alors je le récompense avec le paradis». [Rapporté par al-Boukhaaree (trad. 7/377/n°557) d'Anas, cité dans as-Saheehah (2010)].

L'aveugle insista en disant que le Prophète ﷺ devrait supplier pour lui: «Supplie-Le». Ce qui voudrait dire qu'en vérité, le Prophète ﷺ supplia puisqu'il ﷺ fut le meilleur à tenir une promesse, et il lui avait déjà promis de faire dou'aa pour lui s'il le voulait comme cela fut mentionné, et il voulait une *dou'aa* de lui; donc le point est prouvé. Le Prophète ﷺ, miséricordieux et désirant qu'Allah le Très Haut exauce sa *dou'aa* guida l'aveugle à user du second type de *tawassoul* licite et recommandé qui est le *tawassoul* au moyen des bonnes œuvres en vue de combiner ainsi les différents types de bonnes actions.

Ainsi, il lui ordonna de faire *woudoo* et de prier deux *rakahs* puis faire *dou'aa* pour lui-même…[214]
…Avec les mots que lui enseigna le Prophète ﷺ qui consistèrent spécialement à demander à

---

[214] Albani, *Tawassoul* p.70.

V. Albani reformule la supplication du Prophète

Allah à travers le Prophète ﷺ lui-même et son statut. Telle est l'essence de la *dou'aa* enseignée par le Prophète ﷺ et des hadiths en entier.

Albani poursuit:

… et ce sont là des actes d'obéissance à Allah, Celui qui est sans défaut et le Plus Haut qu'il accomplit accompagnés de la *dou'aa* du Prophète ﷺ, et ceci tombe dans la catégorie de ce qu'Allah Le Très Haut dit: «Cherchez les moyens d'approche (*waseelah*) à Lui» (5:35) comme cité précédemment.

Le Messager ﷺ ne se limita pas à faire la *dou'aa* pour l'aveugle comme il l'avait promis, il lui ordonna à accomplir un acte d'obéissance à Allah – Le Saint, Le Très Haut – et qui rapproche à Lui afin que son affaire soit complète sous tous les angles et soit agrée d'Allah – Le Saint et Très Haut. Par conséquent, le problème entier tourne autour de la *dou'aa*; comme c'est clair et ne contient rien de ce qu'ils mentionnent.

Shaykh al-Ghoumaaree[215] est ignorant de ceci ou prétend l'être puisqu'il dit dans *al-Misbaah* [p.24] «… Si tu veux, je ferai une *douaa* pour toi» qui veut dire «si tu veux, je t'enseignerai une *douaa* que tu pourras faire et que je te

---

[215] Abd Allah ibn Mouhammad ibn al-Siddiq al-Ghoumari, un mouhaddith et cheick Soufi du Maroc et le cheick de Hassan Ali al-Saqqaf.

répéterai»; cette explication s'impose afin que le début du hadith concorde avec la fin.

Je dis que cette explication est futile pour plusieurs raisons parmi lesquelles: l'aveugle lui ﷺ demanda de faire une *douaa* pour lui et non de lui enseigner une *douaa*, et lui ﷺ disant: «Et si tu veux, je ferai *douaa*» fut une réponse à sa requête. Ce fut alors définitivement une requête de *dou'aa*, cela s'impose, et c'est le sens qui s'accorde avec la fin du hadith, voilà la raison pour laquelle nous voyons que al-Ghoumaaree n'essaie pas d'expliquer ce qu'il dit à la fin «O Allah! Accepte-le comme un plaideur pour moi et accepte ma supplication pour lui (qu'elle puisse acceptée pour moi)» puisque ceci montre clairement que son *tawassoul* fut à travers la *douaa* du Prophète ﷺ comme nous l'avons montré dans ce qui a précédé.[216]

Au contraire, la fin confirme que l'essence de cette *doua* s'articule autour de l'intercession du Prophète ﷺ, et c'est ce que le *tawassoul* à travers lui signifie. Cheikh al-Ghoumari a raison lorsqu'il dit que le Prophète ﷺ enseigna la *doua* de *tawassoul* en guise de réponse à la requête de *doua* de l'aveugle puisque la *doua* de *tawassoul* est la leçon principale de ce hadith et le moyen à travers lequel Allah exauce la propre *doua* du Prophète ﷺ et restore la vue de

---

[216] Albani, *Tawassoul*: Ses types et règles p.70-71.

V. ALBANI REFORMULE LA SUPPLICATION DU PROPHÈTE

l'aveugle. Le fait que l'aveugle demanda au Prophète ﷺ de faire *doua* pour lui n'empêche pas non plus le Prophète ﷺ de l'enseigner (et à travers lui tous les Musulmans) cette *doua* tout en tenant compte de sa requête initiale. Le Prophète ﷺ est par essence l'Enseignant et le Purificateur de la Communauté comme cela est démontré dans le Coran:

> *Allah a certainement fait une faveur aux croyants lorsqu'Il a envoyé un Messager de parmi eux-mêmes qui leur récite Ses versets, les purifie et les enseigne Le Livre et la Sagesse, bien qu'ils fussent auparavant dans un égarement évident (3:164).*

Insister que le Prophète ﷺ n'a pu agir dans une perspective didactique générale et fit la *doua* pour l'aveugle seulement parce que c'est ce qu'il voulu, est agir comme l'homme qui dit au Prophète ﷺ: «Enseigne-moi quelque chose (au sujet de l'Islam)!» et ne réalisa pas que la réponse du Prophète ﷺ: «Ne te met pas en colère» constituait un enseignement Islamique universel[217]. Encore, voilà ce sur quoi Albani insiste en vue de réduire le hadith à un fait unique dans le temps qui ne véhicule aucune importance pour la *oumma* en générale et en vue d'empêcher qu'il soit mis à la disposition de tous les Musulmans en tant qu'une *doua* universelle et permanente de *tawassoul*.

Une grande caractéristique de l'Islam est que la vaste majorité de la sagesse, des enseignements et miracles du Prophète ﷺ sont valides pour tous les temps – le plus grand étant le Glorieux Coran – et non limité à la période des Compagnons ou de quelques uns parmi eux! Croire

---

[217] Rapporté par Boukhari. Cf *Les Quarante Hadiths de Nawawi* #16.

autrement est dérober l'Islam de sa primauté en tant que religion qui sied à Allah et la placer au même niveau que le Christianisme et le Judaïsme comme une religion abrogée, et nous cherchons refuge en Allah contre ces suggestions aberrantes.

> Ensuite, il [Ghoumari] dit: «Même si nous admettons que le Prophèteﷺ fit *douaa* pour l'aveugle, cela n'empêche pas ces hadiths à être généralisés pour inclure les autres.»
>
> «Je dis que cela est une erreur notoire puisque personne n'empêche que le hadith s'applique aux autres [sic] ainsi qu'à l'aveugle pour lequel le Prophète ﷺ fit *dou'aa*. Cependant, dans la mesure où une *dou'aa* venant de lui ﷺ après qu'il ait rejoint la plus haute compagnie est pour ceux qui recherchent le *tawassoul* pour diverses raisons et désirs quelque chose qu'ils ne reconnaissent pas, et aussi eux-mêmes ne recherchent pas le *tawassoul* par sa ﷺ *dou'aa* après sa mort. Alors la règle est différente, et cet aveu d'al-Ghoummaree est une preuve contre lui-même.[218]

Remarquons cette aberration de la déclaration d'Albani que «*dou'aa* de lui ﷺ après qu'il ait rejoint la plus haute compagnie est pour ceux qui recherche le *tawassoul* pour diverses raisons et désires, quelque chose qu'ils ne reconnaissent pas» alors qu'il est établi dans le hadith authentique que le Prophète ﷺ fait continuellement *doua* et

---

[218] Albani, *Tawassoul; Ses types et règles* p.71-72.

V. Albani reformule la supplication du Prophète

demande pardon pour sa *oumma* et fait même *tahmid* (*al-hamdou lillah*) dans sa tombe:

> Le Prophète ﷺ dit: Ma vie est une grande faveur pour vous: vous rapporterez à mon sujet et elle vous sera rapportée; et ma mort est un grand bien pour vous: vos actions me seront présentées (dans ma tombe), et si je vois du bien je louerai Allah, et si je vois autrement que cela je Lui demanderai pardon pour vous.[219]

Observons aussi comment Albani affirme: «Eux-mêmes ne cherchent pas le *tawassoul* par sa ﷺ *dou'aa* après son décès». Voilà une erreur manifeste et certaine. Comme cela a déjà été amplement démontré, les Compagnons firent le *tawassoul, tabarrouk, istisqa* et *istichfa* à la fois à travers sa personne et à travers sa doua après son décès.

Cette preuve supplémentaire contre la déviation fut confirmée par la narration de Malik al-Dar de la requête que

---

[219] Haythami dit dans *Majma al-zawaid* (9:24 #91) : «Al-Bazzar le rapporte et ses sous-narrateurs sont tous bons (*rijalouhou al-sahih*).» Qadi Iyad le cite dans *al-Chifa* (1:56 de l'édition d'Amman. Souyouti dit dans son *manahil al-safa fi takhrij ahadith al-chifa* (Béirouth 1988/1408) p.31 (#8): «Ibn Abi Oussama le cite dans son *Mousnad* à partir du hadith de Bakr ibn Abd Allah al-Mouzani et al-Bazzar à pratir du hadith de Ibn Massoud avec une bonne chaîne (*sahih*).» Ibn al-Jawzi le mentionne à travers Bakr et ensuite à travers Anas ibn Malik dans l'avant-dernier chapitre de l'avant-dernier section de *al-Wafa* et mentionne aussi la version à travers Aws ibn Aws avec une bonne chaîne: «Les actions des êtres humains me sont présentées chaque Jeudi nuit (c'est à dire précédant) le Vendredi. Voir aussi *Fath al-bari* 10:415, *al-Targhib wal-tarhib* 3:343 d'al-Moundhiri et *Mousnad* 4:484 d'Ahmad.

le Compagnon Bilal Ibn al-Harith adressa au Prophète ﷺ de faire *istisqa* (la prière et la *doua'a* pour la pluie) au nom de sa Communauté:

> Il est rapporté de Malik al-Dar, le trésorier d'Oumar, que les gens souffraient d'une sècheresse durant la période d'Oumar, lorsqu'un homme vint à la tombe du Prophète ﷺ et dit: «Ô messager d'Allah! Demande la pluie pour ta communauté, car en vérité ils ont péri ...»[220]

Remarquons ici que dans son insistance à confirmer que les Compagnons ne recherchèrent pas le *tawassoul* par la *doua* du Prophète ﷺ après son décès, Albani alla plus loin jusqu'à contester l'authenticité de ce hadith:

> Nous n'acceptons pas l'authenticité de ce récit dans la mesure où la fiabilité et la précision de Maalik al-Dar ne sont pas connues, et ce sont là les deux conditions qui tiennent lieu de principe [sic] nécessaires à l'authenticité de toute narration comme cela est établi dans la science de hadith. Ibn Abee Haatim le mentionne dans *al-Jarh wat-tadeel* (4/1213) et ne fait cas d'aucune personne qui aurait transmit de lui sauf Aboo Saalih. Alors, ceci indique qu'il est inconnu, et ceci est soutenu plus tard par le fait qu'Ibn Abee Haatim lui-même qui est bien connu pour sa mémorisation et sa

---

[220] Ce hadith dans lequel Ibn Hajar dit: «Ibn Abi Chayba le rapporta avec une bonne chaîne de la narration d'Abou Salih al-Saman de Malik al-Dar qui était le trésorier d'Oumar,» est cité précédemment.

vaste connaissance ne cita aucune personne qui le considère fiable; par conséquent, il est inconnu. Ensuite, ça ne contredit pas ce que dit al-Haafidh, «… avec une chaîne authentique de narration de la narration d'Aboo Saalih as-Saman …» puisque nous disons que cela ne signifie pas que toute la chaîne de la narration est authentique (saheeh), au contraire l'authenticité s'arrête à Aboo Saalih. Si cela n'avait pas été le cas, alors il n'aurait pas mentionné la chaîne de narration à partir d'Aboo Saalih. Plutôt, il aurait commencé «De Malik ad-Daar … et sa chaîne est authentique.» Mais il le fit savoir d'une manière qui attira l'attention qu'il y a une nécessité de vérification. Les savants adoptent cette attitude pour plusieurs raisons. L'une de ces raisons est qu'il se peut qu'ils n'aient pu obtenir une biographie pour certains narrateurs, et par conséquent ils se gardent de juger la chaîne entière de la narration …[221]

1. Le propos ci-dessus est réfuté par la note biographique de Malik al-Dar par Ibn Sad (d.230) qui dit:

    Malik al-Dar: L'homme affranchi d'Oumar ibn al-Khattab. Il transmit d'Abou Bakr et Oumar. Il était connu.[222]

---

[221] Albani, *Tawassoul: Ses types et Règles* p.120.
[222] Ibn Sad, *Tabaqat* 5:12.

2. C'est encore rejeté par le *hafiz* al-Khalili (d.445) dans la biographie qu'il a fait sur Malik al-Dar:

   Malik al-Dar: *mouttafaq alayh athna alayhi al-tabioun* – Il fait l'unanimité (comme digne de confiance), les successeurs lui ont accordé une grande considération.[223]

3. Le commentaire d'Albani est encore rejeté par Ibn Hajar al-Asqalani dans sa note biographique sur Malik al-Dar:

   Malik ibn Iyad: L'homme affranchi d'Oumar. Il est celui nommé Malik ibn Dar. Il a vu le Prophète ﷺ et a entendu Abou Bakr al-Siddiq transmettre des narrations. Il a transmis d'Abou Bakr, Oumar, Mouadh et Abou Oubayda. Ont transmis de lui, Abou Salih al-Salman et ses deux fils (de Malik) Awn et Abd Allah ...[224]

Boukhari rapporta dans son *Tarikh* à travers Abou Salih Dhakwan et de la part de Malik al-Dar qu'Oumar dit pendant la période de sécheresse: «Ô mon Seigneur! Je n'épargne aucun effort sauf ce qui échappe à mon pouvoir!»

---

[223] Abou Yala al-khalil ibn Abd Allah al-khalili al-Qazwini, *Kitab al-irchad fi marifat oulama al-hadith*, éd. Mouhammad Said ibn Oumar Idriss, 1ère éd., 3 vols. (Ryad: *Maktabat al-rouchd*, 1989), cite dans Abd Allah al-Ghoumari, *Irgham al-moubtadi al-ghabi jawaz al-tawassoul bi al-nabin* éd. Hassan Ali al-Saqqaf, 2nd éd. (Amma: Dar al-imam al-Nawawi, 1412/1992) p.9.

[224] Ibn Hajar al-Asqalani, *al-Isaba fi tamyiz al-sahab*.

V. ALBANI REFORMULE LA SUPPLICATION DU PROPHÈTE

Ibn abi Khaythama rapporta aussi le même récit mais dans un hadith plus long:

> Les gens souffraient d'une sècheresse pendant la période d'Oumar lorsqu'un homme vint à la tombe du Prophète et dit: «Ô Messager d'Allah! Demande la pluie à Allah pour ta communauté». Le Prophète lui apparu en rêve et lui dit: «Va à Oumar et dit lui: «Tu seras pourvu en eau et tu dois travailler sans relâche, *alayk al-kaffayn*!» (L'homme alla et rapporta à Oumar. Alors, Oumar pleura et s'exclama: «Ô mon Seigneur! Je n'épargne aucun effort sauf ce qui échappe à mon pouvoir!»

Aussi rapporté dans le *Fawaid* de Daoud ibn Amr et *al-Dabbi* rédigé par al-Baghawi dans la narration d'Abd al-Rahman ibn Said ibn Yarbou al-Makhzouni, de Malik al-Dar: Il dit: «Oumar ibn al-khattab me convoqua un jour. Il avait avec lui un porte-monnaie contenant quatre cent dinars. Il dit: «Envoie ceci à Abou Oubayda», et il mentionna le reste du récit.

Ibn sad le mentionna (Malik al-Dar) dans le premier échelon des Successeurs parmi les gens de Médine et dit: «Il rapporta de Abou Bakr et Oumar, et il était connu». Abou Oubayda dit de lui: «Oumar le mit en charge de ceux qui dépendaient de son ménage. Lorsque Outhman lui succéda, il le mit en charge des allocations financières, partant de là il fut nommé Malik de la Maison».

Ismail al-Qadi rapporta d'Ali ibn al-Madini: «Malik al-Dar fut le trésorier d'Oumar.»[225]

1. C'est d'avantage réfuté par Hassan al-Saqqaf dans son analyse du hadith:[226]

Albani a déclaré ce bon hadith de faible dans son *tawassoul* sous un prétexte plus fragile que la toile d'araignée. Il affirme que Malik al-Dar est inconnu (*majhoul*) et n'a que pour seule mention biographique sa note du *Kitab al-jarh wa al-tadil* d'Ibn Abi Hatim en vue de donner à ses lecteurs l'impression qu'une seule personne a transmis de Malik al-Dar et qu'il s'agit d'Abou Salih al-Saman. Et Albani a décidé sur la base de ce qu'il reproduit de l'un des savants, qu'un homme reste «inconnu» à moins qu'une ou deux personnes transmettent de lui. En vue d'appuyer sa cause, il mentionne que al-Moundhiri et al-Haythami ne connurent pas Malik al-Dar, et que par conséquent il est inconnu, et qu'une chaîne de transmission contenant un inconnu n'est pas bonne. Ainsi, il commence à se vanter en disant: «Voici un élément important d'information que personne ne saura sauf ceux qui ont pratiqué cette science». En ce qui nous concerne, nous lui

---

[225] Ibn Hajar, *al-Isaba* (Calcutta éd. 1852) 6:164 #8350.
[226] Voir la préface de Saqqaf dans la réfutation d'Albani par Abd Allah al-Ghoumari intitulé *Irgham al-moubtadi al-ghabi jawaz al-tawassoul bi al-nabi* (La contrainte de l'ignorant innovateur avec la permissibilité de chercher des moyens avec le Prophète).

V. ALBANI REFORMULE LA SUPPLICATION DU PROPHÈTE

disons: «C'est plutôt une dissimulation délibérée (*tadlis*), trompeuse et une tricherie que ne peut commettre que celui dont le cœur est plein de rancune et d'inimité contre la *sounna*, *tawhid* et ses pratiquants» ...

Si al-Moundhiri et al-Haythami ont déclaré qu'ils ne le connaissaient pas, ce qui voudrait dire qu'ils ne pouvaient ni le déclarer digne de confiance ni de douteux. Cependant, parmi ceux qui le connaissaient furent Ibn Sad, Boukhari, Ali ibn al-Madini, ibn Hibban, *al-hafiz* Ibn Hajar al-Asqalani et autres dont le raisonnement est accepté.

Il est étonnant qu'Albani accepte, choisisse et préfère la déclaration de ceux qui ne connaissent pas le statut de Malik al-Dar à celle de ceux qui le connaissent; il dissimule la déclaration des derniers et veut que personne n'en devienne familier.

Ce qui est rapporté dans les lignes à suivrent, tirées des déclarations des Imams parmi les maîtres de hadith qui reconnaissent Malik al-Dar comme digne de foi est assez suffisant pour confirmer la thèse de al-Sayyid Abd Allah al-Ghoumari et autres savants de hadiths aussi bien que certains qui sont familiers avec les hadiths: Albani connaît les vrais faits en plusieurs choses mais... on ne peut pas compter sur lui pour l'évaluation ne serait-ce que d'un seul hadith. Telle est la position exprimée par plusieurs savants tels que les trois *mouhaddiths* al-Sayyid Ahmad al-Ghoumari, al-Sayyid Abd Allah al-Ghoumari, al-Sayyid Abd al-Aziz; le cheikh Abd al-Fattah Abou Ghoudda, le *mouhaddith* de l'Inde et du Pakistan Habib al-Rahman al-Azami, cheikh Ismail al-Ansari, cheikh Mouhammad Awwama, cheikh

Mahmoud Said, cheikh Chouayb Arnaut et dix autres de parmi les experts dans cette discipline et autres qui s'y intéressent. Par conséquent, les gens de Hadith témoignent que la parole de cette personne (Albani) ne doit pas être prise en considération dans l'authentification et la dévalorisation de hadith parce qu'il authentifie et affaiblit selon son caprice et son humeur et non par les règles scientifiques, et quiconque examine ses déclarations et ses écrits peut s'en rendre compte.

3. Une réfutation d'Albani par L'Imam Nawawi et L'Imam Ibn al-Houmam al-Hanafi

Une autre preuve que le *tawassoul* à travers le Prophète ﷺ après son temps est universellement reconnue et encouragé dans la *Charia* de l'Islam est la description du protocole de la visite à la tombe du Prophète ﷺ après le pèlerinage par l'Imam Nawawi. Il dit[227]:

> [Après avoir donné *salam* au Prophète ﷺ, à Abou Bakr et à Oumar] Il [le visiteur] retourne à sa place initiale opposée à la face du Prophète ﷺ, et **il prend le Prophète ﷺ comme son moyen pour ce qui le concerne** (*fa yatawassalou bihi fa haqqi nafsi*), **et il cherche son intercession auprès de son Exalté et Puissant Seigneur** (*wa yatachaffaou bihi ila rabbihi soubhanahou wa taala*) ... et il se sert de ce noble endroit pour glorifier, louer et magnifier la grandeur d'Allah et s'adonner aux

---

[227] Nawawi, Livre du Hajj dans le *Adhkar*.

V. Albani reformule la supplication du Prophète

bénédictions sur Son Messager. Qu'il fasse cela abondamment.

Nawawi dit aussi:

[Le visiteur se tient debout, salue le Prophète ﷺ, puis avance pour saluer Abou Bakr et Oumar]. Ensuite il retourne à son point de départ, directement devant le Messager d'Allah, et il prend le Prophète ﷺ comme son moyen pour ce qui le concerne (*fa yatawassalou bihi fi haqqi nafsihi*) et cherche son intercession auprès de son Seigneur, Exalté et Puissant (*wa yatachaffaou bihi ila rabbihi wa taala*), et l'une des meilleures choses qu'il peut dire est ce qui a été rapportée par nos collègues de la part d'al-Outbi, et ils ont admiré ce qu'il a dit:

Alors que j'étais assis auprès de la tombe du Prophète ﷺ, un bédouin Arabe arriva et dit: «Que la paix soit sur toi, Ô Messager d'Allah! J'ai entendu Allah dire: «*Si lorsqu'ils se sont manqués à eux-mêmes, ils viennent à toi et demandaient pardon à Allah et que le Messager demandât pardon pour eux, certes ils trouveraient Allah très accueillant au repentir, Miséricordieux.*» (4:64). Ainsi je suis venu à toi pour demander pardon pour mon péché, cherchant ton intercession auprès de mon Seigneur ...»[228]

---

[228] Nawawi, *al-Idah fi manassik al-hajj* (Damas: Dar ibn Khaldoun, n.d.) p.144. Voir aussi un passage similaire dans *Majmou* de Nawawi (8:212f).

Similairement, le *faqih* Hanafi Kamal al-Din ibn al-Houmam dit:[229]

Wa yassalou allaha hajalahou moutawassilan ilallah bi hadradi nabiyyihi thoumma wala yassalou al-nabiyya sallallahou alayhi wa sallam al-chafaata fa yaqoulou ya rassoulallah as alouka al-chafaata ya rassoulallah atawassalou bika ilallah.

Et qu'il s'adresse à Allah pour ses besoins, usant du Prophète ﷺ comme son moyen à Allah; (puis il dit): qu'il demande au Prophète ﷺ son intercession et dise: Ô Messager d'Allah! Je te demande ton intercession; Ô Messager d'Allah! Je te prends comme mon moyen à Allah.

Par conséquent, il ne saurait être plus clair qu'Albani innove dans:

1. Son affirmation que l'on n'use plus du *tawassoul* en demandant la supplication (*doua*) du Prophète ﷺ après qu'il ait quitté ce monde (*dounya*).

2. Son affirmation que rechercher les moyens d'approche à Allah (*tawassoul*) ne se fait pas à travers la personne et le statut du Prophète ﷺ.

Albani affirme:

Au sujet de la *douaa* que le Messager ﷺ d'Allah lui enseigna: «Ô Allah! Accepte-le comme un

---

[229] Kamal al-Din ibn al-Houmam, *Fath al-qadir* (2 :337), livre de hajj, chapitre sur la visite du Prophète.

V. ALBANI REFORMULE LA SUPPLICATION DU PROPHÈTE

plaideur [intercesseur] pour moi», il est impossible de prendre cela comme *tawassoul* par sa ﷺ personne ou son statut ou son droit dans la mesure où le sens est «Ô Allah! Accepte sa ﷺ supplication pour que ma vue soit restaurée.[230]

Les expressions complètes du *doua* sont comme suit:

Ô Allah! Je Te demande et me tourne vers Toi au moyen de Ton Prophète Mouhammad ﷺ, le Prophète de Miséricorde. Ô Mouhammad ﷺ! Je me tourne par ton moyen vers mon Seigneur pour mon besoin que voici afin qu'il soit réalisé. Ô Allah! Fait de lui mon intercesseur (*chaffihou fiyya*).

La *doua* contient les étapes suivantes:

1. L'appel et la requête à Allah en disant que l'on prend le Prophète ﷺ comme un moyen.

2. L'appel au Prophète ﷺ, mentionnant que l'on le prend comme un moyen à Allah.

3. L'appel et la requête à Allah de faire du Prophète ﷺ son intercesseur.

Cela prouve que:

- L'on peut demander l'intercession du Prophète ﷺ dans cette vie.
- L'on est certain que l'intercession du Prophète ﷺ est acceptée.

---

[230] Albani, *Tawassoul*: Ses types et Règles.

- L'on n'est pas sûr que sa propre intercession est acceptée.
1. Une telle intercession se fait «au moyen de lui», un point un trait.

Albani dit:

> Et *chafaah* [le mot Arabe utilisé dans le hadith] dans le langage signifie: *dou'aa* [supplication], et voilà ce qu'est signifié par *Chafaa'ah* qui est établi pour lui ﷺ et pour les autres prophètes et les pieux au Jour de la Résurrection.[231]

Le hadith n'a lieu ni au Jour de la Résurrection ni ne fait référence de prime abord à la *chafaa* bénie du Prophète qui est expliqué dans d'innombrables versets et hadiths. Au contraire, il s'agit de *tawassoul* à travers le Prophète ﷺ qui est la méthode et le langage pour demander son *chafaa* ici et présentement. Albani tente de réduire *tawassoul* et *chafaa* en une seule chose. Encore, il essaie d'attribuer au langage un autre sens contraire au sens explicite:

> Et ceci montre que *chafaah* est plus particulier que *dou'aa* puisqu'il a lieu s'il y a deux personnes recherchant quelque chose, où l'une est celle qui supplie pour l'autre contrairement à une seule personne recherchant quelque chose dont elle n'a personne pour supplier en sa faveur. Dans *Lissaan oul-Arab*, il est dit: «*shafaa'ah* [intercession] est l'intercesseur parlant au roi au sujet de quelque chose qu'il demande pour quelqu'un, et l'intercesseur est

---

[231] *Ibid*.

celui qui cherche quelque chose pour quelqu'un d'autre à travers laquelle il intercède pour obtenir ce qui est désiré...» Il est aussi établi par ce procédé que le *tawassoul* de l'aveugle fut à travers sa ﷺ *dou'aa* et non sa personne.[232]

Encore, ce hadith concerne une requête pour l'intercession et non l'intercession elle-même. Clairement, une personne espérant qu'une autre personne intercède en sa faveur doit d'abord s'adresser à l'intercesseur potentiel par respect pour son rang.

Albani continue:

> Part de ce que le Prophète ﷺ enseigna à l'aveugle fut: «Et accepte ma supplication [*shafaa'ah*] pour lui ... » Cette phrase est une partie authentique du hadith, rapporté par Ahmad et al-Haakim qui l'authentifièrent avec l'agrément de adh-Dhahabee. Cette seule phrase est une preuve décisive montrant que considéré le hadith comme une référence au *tawassoul* par sa personne est sans valeur, ce point de vue étant celui de certains récents auteurs, et il semble qu'ils réalisent ce point, et par conséquent, ils ne font pas du tout mention de cette phrase – qui montre jusqu'où ils peuvent être pris en confiance dans la transmission de hadiths. Et similairement est leur citation de la phrase précédente: «Ô Allah!

---

[232] *Ibid*.

Accepte son *shafaa'ah* pour moi» comme une preuve de *tawassoul* par sa personne – mais quant à clarifier comment aboutir à cela, ils ne l'expliquent pas aux lecteurs car l'on ne peut offrir aux autres ce qu'on ne possède pas.[233]

La preuve du *tawassoul* à travers la personne du Prophète ﷺ ne réside pas dans une partie particulière de la *doua* qui dit: « Ô Allah! Accepte sa *chafaa* pour moi», mais dans la *doua* dans son intégralité comme démontré précédemment.

Le mépris et la méfiance d'Albani envers les savants dont les arguments invalident les siennes sont propres à son approche et celle de ses disciples. Rappelons qu'il rejette à la fois Nawawi et Ibn al-Jawzi qui disent que le *tawassoul* est à travers la personne et le statut du Prophète ﷺ et les considère «d'auteurs récents».

Albani dit:

«C'est à dire accepte ma *shafaa'af* pour lui, c'est à dire accepte mon *dou'aa* que tu acceptes son *shafaa'ah*, c'est à dire son *dou'aa* que Tu restaures ma vue». Et il est impossible de comprendre cette phrase autrement.[234]

Cette impossibilité peut sembler être claire à Albani mais aux autres, la déclaration citée a aussi rapport à la phrase «Je te demande et me tourne vers toi au moyen de ton Prophète ﷺ». Ainsi, le sens plein est «Accepte ma *doua* et

---

[233] *Ibid.*
[234] *Ibid.*

V. ALBANI REFORMULE LA SUPPLICATION DU PROPHÈTE

accepte la requête que je puisse T'adresser cette *doua* par son biais».

Albani argumente:

Voici la raison pour laquelle vous voyez les opposants faire semblant de l'ignorer et ne pas la mentionner puisqu'elle démolit le sous-bassement de leurs constructions et reduit en morceaux ses parois, et lorsqu'ils l'entendent, tu les vois te regarder à la manière de quelqu'un qui se pâme. Cela est dû au fait qu'ils (pensent) comprendre le *shafaa'ah* du Messager ﷺ pour l'aveugle, mais quel peut être le sens du *shafaa'ah* de l'aveugle pour le Messager ﷺ? Ils n'ont pas de réponse à cela. Et ce qui rend leur fausse interprétation nulle et non avenue est que vous ne trouverez aucun d'eux la mettant en pratique, c'est à dire suppliant «Ô Allah! Accepte le *shafaa'ah* de Ton Prophète ﷺ pour moi et mon *shafaa'ah* pour lui».[235]

L'homme était seulement aveugle des yeux, mais Allah parla de ceux qui sont aveugles du cœur, et ceci est une maladie plus grave.

Le *chafaa* du Messager pour l'aveugle est bénéfique à l'aveugle, et le *chaffaa* de l'aveugle pour le Prophète ﷺ est aussi bénéfique à l'aveugle! Le premier *chaffaa* est la requête du Prophète ﷺ au nom de l'aveugle, et le deuxième est la requête de l'aveugle pour qu'il reçoive la requête du

---

[235] *Ibid.*

Prophète ﷺ. Voilà qui est clair, mais il semble qu'Albani continue sa dispute seulement que pour rendre le problème plus confus, de la même manière qu'il brouilla le sens lexical de *tawassoul* et *chafaa*.

Albani:

... l'expression de l'aveugle dans la *dou'aa* «Ô Allah! Je Te demande et me tourne vers Toi au moyen de Ton Prophèteﷺ Mouhammadﷺ signifie: «Je cherche une voie d'approche à Toi au moyen de la *dou'aa* de ton Prophèteﷺ avec le mot principal [c'est à dire *dou'aa*] omis – et c'est quelque chose de bien connue dans le langage – comme cela apparaît dans ce qu'Allah dit: «la ville et la caravane... » (12:82). C'est à dire «Les GENS de la ville, et les COMPAGNONS de la caravane... » [avec les principaux mots GENS et CARAVANE omis]. Et, les opposants et nous sommes d'accord, c'est-à-dire que nous devons faire ressortir le mot principal qui a été omis.[236]

Ce qui est mentionné ci-dessus est une bonne illustration de la tendance d'Albani à réduire le sens de la *doua* qui est «Je me tourne vers Toi au moyen de Ton Prophèteﷺ» à quelque chose de plus spécifique «Je me tourne vers Toi au moyen de la *doua* de Ton Prophète ﷺ». Albani utilise des termes qui ne sont pas dans le hadith notamment «au moyen de la *doua*», et il suggère que ce sont des termes qui gouvernent le sens du hadith.

---

[236] *Ibid*.

V. Albani reformule la supplication du Prophète

Albani continue:

Et à notre avis, c'est la même chose comme la *dou'aa* d'Oumar et son *tawassoul* au moyen de al-Abbaas – que ce soit l'un: «Je me dirige vers Toi au moyen du (statut) de Ton Prophète ﷺ» et «Ô Mouhammad! Je me dirige par ta (personne) ou ta (position) à mon Seigneur!» -- comme ils l'affirment – ou l'autre «Je me dirige vers toi au moyen de la (*dou'aa*) de Ton Prophète ﷺ» et «Ô Mouhammad! Je me dirige vers toi par ta (*dou'aa*) à mon Seigneur» – qui est ce que nous soutenons. Et l'une de ces expressions certainement prévale sur les autres à cause d'une preuve tangible qui la soutient. En ce qui concerne ce qu'ils avancent que le mot principal omis est (statut/position), ils n'ont pas de preuve pour le soutenir ni dans ce hadeeth ni dans aucun autre dans la mesure où il n'y a rien qui est mentionné parallèlement, suggérant ou affirmant une mention de (statut) ou s'y referant.[237]

Voici ici la plus grande erreur dans l'argumentation d'Albani puisque faisant l'affirmation ci-dessus, il ignore les innombrables versets et hadiths qui illustrent le statut du Prophète ﷺ. Parmi ceux-là est sa propre déclaration qu'il est le Maître des enfants d'Adam ﷺ, le plus noble aux yeux d'Allah et le plus digne de louanges selon l'*ijma* des Musulmans.

---

[237] *Ibid*.

Albani continue d'argumenter:

Tout comme ils n'ont rien à partir du Qouran et la sunnah ou de la pratique des Compagnons où il y a *tawassoul* par le statut d'une quelconque personne. Alors, ce point de vue qui est le leur n'a aucun support, et par conséquent sans fondement et ne doit plus être pris en considération.

En ce qui concerne notre point de vue, il est supporté par plusieurs preuves que nous avons citées précédemment.[238]

Au contraire, la «preuve» lexicale a été rejetée puisque *chafaa* n'est pas la même que *tawassoul*, et la «preuve» que le *wassila* est simplement la *doua* du Prophète ﷺ a été rejetée dans la mesure où il fut démontré que le *wassila* est le Prophète ﷺ lui-même en plus de la *doua* qu'il enseigna à l'aveugle, et la *doua* que lui-même fit en sa faveur.

Albani conclut:

J'ai aussi dit, même s'il était correcte que l'aveugle chercha à faire le *tawassoul* au moyen de sa ﷺ personne, cela aurait été une chose particulière à lui et non quelque chose de partagée avec le reste des prophètes et les pieux. Leur faire partager ce privilège avec lui est quelque chose d'inacceptable puisqu'il est le leader le plus noble d'entre eux; et cela lui a pu être conferé par Allaah en particulier comme rapportées par plusieurs narrations

---

[238] *Ibid.*

V. Albani reformule la supplication du Prophète

authentiques, et les questions à caractères particuliers ne sont pas dans les limites de l'analogie. Ainsi donc, celui qui pense que le *tawassoul* de l'aveugle à Allaah était au moyen de sa ﷺ personne – alors qu'il s'arrête à cela et ne doit pas le généraliser aux autres comme cela est rapporté de l'Imam Ahmad et Cheikh al-Izz bin abdis-Salaam (RH).[239]

L'on se rapproche par le moyen le plus proche de parmi les *salihin* ou les saints comme cela a été le cas par le *tawassoul* d'Oumar à travers l'oncle du Prophète ﷺ, al-Abbas. Ce n'est pas seulement permis mais plutôt recommandé par tous les *madhdhabs* reconnus. En ce qui concerne l'Imam Ahmad, il a été rapporté qu'il fit du *tawassoul* à travers le Prophète ﷺ une part intégrale de toutes ses *douas* et contrairement à Albani, il n'essaya jamais de modifier la modalité du *tawassoul* ou son sens.

En suivant les arguments quelques peu crispés d'Albani, nous observons que sa position oscille entre sa négation que le *tawassoul* peut être fait à travers la personne du Prophète ﷺ et à l'affirmer, ensuite nier que le *tawassoul* peut être fait par quiconque autre que l'aveugle, puis l'accepter, et finalement le nier qu'il peut être fait à travers quiconque autre que le Prophète ﷺ.

Malgré les récentes innovations d'Albani, il est assez clair que 1400 années d'érudition Islamique ont montré qu'il n'est pas interdit de chercher en la personne du Prophète ﷺ un moyen pour obtenir des remèdes et des bénédictions

---

[239] *Ibid.*

dans cette vie comme les Compagnons et Ceux qui les ont suivit ont recherché de telles bénédictions à travers les cheveux, le *minbar*, la sueur, la salive, la tombe et autres reliques du Prophète ﷺ. Si le bienfait obtenu d'une simple particule du corps du Prophète ﷺ longtemps après son départ est indéniable, certainement le bienfait obtenu de sa noble personne est aussi indéniable.

VI. La réfutation de ceux qui mettent en question la pratique valide Islamique de recherche de bénédictions (Tabarrouk) à travers les reliques du Prophète ﷺ par les Compagnons

*T*abarrouk: bénéficier des bénédictions de quelque chose qui une fois appartint à ou fut touché par un(e) saint(e). *Athar*: reliques.

Allah Lui-même a recommandé le *tabarrouk* de Ses nombreux prophètes. Par exemple, il mentionna le *tabarrouk* du prophète Jacob ﷺ à travers les reliques de son fils Joseph ﷺ, le *tabarrouk* des Banou Israil à travers les reliques de la famille de Moïse ﷺ et la famille d'Aaron ﷺ. Les preuves de *tabarrouk* des Compagnons et des *tabiin* à travers le Prophète ﷺ et les saints sont infinies. Allah dit:

> *Emporte mon manteau que voici. Passez-le sur le visage de mon père. Il recouvrera la vue... Lorsque le caravane quitta (l'Egypte), leur père dit: «Je sens autour de moi la présence de Youssouf... Le messager vint et jeta le manteau sur le visage de Jacob. Celui-ci recouvrit aussitôt la vue. «Je vous avais bien dit, s'exclama-t-il, que je sais d'Allah des choses ce que vous ignorez». (12:93-96).*

> *Leur prophète ajouta: «Vous reconnaîtrez son pouvoir à ce qu'un reliquaire, objet de quiétude inspiré par votre Seigneur, vous apparaîtra. Ce*

reliquaire contiendra des souvenirs de la famille de Moïse et d'Aaron et sera porté par des anges. Cette apparution sera pour vous un signe indubitable si vous êtes croyants» (2:248).

1. Les cheveux et les ongles du Prophète ﷺ

Il y a d'innombrables hadiths sur ce sujet. Par exemple, selon Boukhari:

- Ousman ibn Abd Allah ibn Mawhab dit: «Ma famille m'envoya à Oumm Salama avec une tasse d'eau. Oumm Salama envoya une bouteille en argent contenant un cheveu du Prophète ﷺ, et il était de coutume que si quelqu'un était malade ou sous le mauvais œil, nous envoyons une tasse d'eau dans laquelle elle plonge ce cheveu (pour boire). Nous regardions dans la bouteille en argent; Je vis quelque cheveux rougeâtres».[240]
- Selon Boukhari, Anas dit: «Lorsque le Prophète ﷺ se rasa la tête (après le pèlerinage), Abou Talha fut le premier à prendre ses cheveux.
- Selon Mouslim, Anas dit aussi: «Le Prophète ﷺ lança des pierres à *al-jamra*, puis immola, ensuite dit au coiffeur de raser la partie droite de sa tête en premier lieu, ensuite il commença à donner les cheveux aux gens. Anas dit: «Talha était celui qui les distribua».[241]

---

[240] Boukhari, *Sahih*, dans son Livre de L'habillement, sous le chapitre intitulé «Ce qui est mentionné au sujet des cheveux blancs».
[241] Mouslim, Tirmidhi, Abou Dawoud.

VI. Recherche de Bénédictions (*Tabarrouk*) à travers les Reliques du Prophète

- Selon Ahmad, il dit aussi: «Lorsque le Prophète ﷺ rasa sa tête à Mina, il me donna les cheveux de la partie droite, et il dit: Anas! Envoie-les à Oumm Soulaym [sa mère]. Lorsque les compagnons virent ce que le Prophète ﷺ nous donna, ils commencèrent à se procurer les cheveux du côté gauche, et à qui mieux mieux chacun en prit une portion».
- Ibn al-Sakan rapporta à travers Safwan ibn Houbayra, du père de ce dernier: Thabit al-Bounani dit, Anas ibn Malik (sur son lit, mourrant) me dit: «Voici un cheveu du Messager d'Allah – que les bénédictions d'Allah soient sur lui. Je veux que tu le places sous ma langue». Thabit continua: Je le plaça sous sa langue, et il fut enterré avec ce cheveu sous sa langue».[242]
- Abou bakr dit: «Je vis Khalid [ibn Walid] demander le toupet du Prophète ﷺ, et il le reçut. Il le mit par-dessus ses yeux puis l'embrassa». Il est vrai qu'il le plaça dans son *qalansouwa* (l'armure de la tête autour de laquelle le turban est noué), et il ne fut engagé dans aucune bataille sauf qu'il en sortit victorieux.[243] Ibn Abi Zayd al-Qayrawani rapporte que l'Imam Malik dit: «Khalid ibn al-Walid avait un *qalansiyya* (une autre forme linguistique de *qalansouwa*) qui contenait quelque

---

[242] Rapporté par Ibn Hajr dans *al-Issaba fi tamyiz al-sahaba* (Calcutta, 1983) 1:72 sous «Anas ibn Mali».
[243] Ibn Hajar, dans son *Issaba*.

cheveux du Prophète ﷺ et ce fut celui qu'il porta le jour de la bataille de Yarmouk.[244]

- Ibn Sirin (l'un des *tabiin*) dit: «Pour moi, un cheveu du Prophète ﷺ en ma possession est plus précieux que l'argent, l'or et toutes les choses qui sont sur la terre et ce qu'elle contient».[245]
- Dans *Sahih Boukhari*[246], Outhman bin Abd Allah ibn Mawhab dit: «Mes gens m'envoyèrent avec un bol d'eau à Oumm Salama». Isra'il[247] montrant trois doigts pour indiquer la petite taille du récipient dans lequel il y avait quelque cheveux du Prophète ﷺ. Outhman ajouta: «Lorsqu'un quelqu'un avait une maladie ou était sous l'effet d'un mauvais œil, il envoyait un récipient (d'eau) à Oumm Salama (et elle plongeait le cheveu du Prophète ﷺ dans le récipient afin qu'il boive l'eau). Je regardai dans le récipient (dans lequel était le cheveu du Prophète ﷺ et vis quelque cheveux rougeâtres».
- Hafiz Ibn Hajar dit: «Ils appelaient le récipient argenté qui contenait le cheveu du Prophète ﷺ *jiljalan*, et ce récipient était dans la maison d'Oumm Salama».[248]
- Hafiz al-Ayni dit: Oumm Salama avait quelques cheveux du Prophète ﷺ dans un récipient argenté.

---

[244] Ibn Abi Zaynd, *al-Jami fi al-sounan* (éd. 1982) p. 227.
[245] Boukhari, Bayhaqi (*Sounan koubra*) et Ahmad.
[246] Sahih al-Boukhari, Volume 7, Livre 72, Numero 784.
[247] Note du traducteur: il s'agit de Isra'il ibn Younous ibn abi Ishaq
[248] Ibn Hajar, *Fath al-bari*, Volume 10, page 353.

Lorsque des gens étaient malades, ils allaient chercher des bénédictions de ces cheveux, et ils étaient guéris au moyen de ces bénédictions. Si quelqu'un était sous le coup d'un mauvais œil ou n'importe quelle maladie, il envoyait sa femme avec un *mikhdaba* ou sceau d'eau à Oumm Salama, et elle plongeait le cheveu dans l'eau et une fois bue, il retrouvait sa santé après quoi on retournait le cheveu dans le *jiljal*.[249]

- L'Imam Ahmad rapporte d'Abd Allah ibn Zayd ibn Abd Rabbih avec une chaîne authentique (*sahih*) que le Prophète ﷺ coupa ses ongles et les distribua aux gens.[250]

2. La sueur du Prophète ﷺ

Anas dit: «Le Prophète ﷺ resta avec nous, et lorsqu'il commença à dormir, ma mère recueillit sa sueur dans une bouteille. Le Prophète ﷺ se réveilla et dit: «Ô Oumm Soulaym! Que fais-tu? Elle dit: C'est ta sueur que nous mettons dans notre parfum, et c'est le meilleur parfum».[251]

Lorsque Anas était sur son lit, rendant l'âme, il ordonna à ce qu'on en mette sur son corps avant son enterrement, et il fut ainsi[252]. Selon Ibn Sad, Ibn Sirin aussi reçut une partie du parfum d'Oumm Soulaym.

---

[249] Hafiz al-Ayni, *Oumdat al-qari*, Volume 18, page 79.
[250] Imam Ahmad dans son *Mousnad* (4:42), selon Haythami dans *Majma' al-zawaid* (3:19).
[251] Mouslim, Ahmad.
[252] Boukhari.

3. La salive et l'eau d'ablution du Prophète ﷺ

Il y a plusieurs hadiths qui ont rapport au *tabarrouk* avec la salive et l'eau d'ablution du Prophète ﷺ.

Dans Boukhari et Mouslim: Les Compagnons s'attelaient à qui mieux mieux pour obtenir le restant de l'eau d'ablution du Prophète ﷺ et s'en passer sur leurs visages. Nawawi dit: «Dans ces narrations, il y a une preuve que l'on peut rechercher des bénédictions à travers les reliques des saints» (*fihi al-tabarrouk bi athar al-salihin*).[253]

Le Prophète ﷺ guérissait les malades avec sa salive mélangée à de la terre avec l'expression: «*Bismillah*, le sol de notre terre avec la salive de l'un ou certains de nous doit guérir nos malades avec la permission de notre Seigneur».[254]

Au sujet de ce hadith, Ibn Hajar écrit:

> L'expression du Prophète ﷺ «avec la salive de l'un ou certains de nous» indique qu'il crachait au moment de faire une invocation protectrice (*rouqya*). Nawawi dit (dans *Charh Sahih Mouslim*): «Le sens du hadith est que le Prophète ﷺ mit sa salive sur son index puis le mit sur le sol et forma une motte avec laquelle il frotta la place affectée ou la blessure, prononçant l'expression du hadith en appliquant». Qourtoubi dit: «Le hadith montre qu'il est permis d'utiliser les invocations protectrices contre toute et toutes les affections, et cela montre que ce sujet était populaire et

---

[253] Nawawi dans *Charh Sahih Mouslim*.
[254] Boukhari et Mouslim.

connu parmi eux». Il dit aussi: «Le fait que le Prophète ﷺ mette son doigt sur la terre et que la terre reste sur son doigt indique l'acceptabilité de procéder ainsi lorsqu'on fait une invocation de protection ... Ceci ne tombe que sous la rubrique d'obtenir des bénédictions (*tabarrouk*) à travers les noms d'Allah et à travers ce que Son Prophète ﷺ nous a légué». Ibn Hajar conclu: «Les invocations protectrices (*rouqya*) et ceux que l'on met sur soi (*azaim*) ont des effets merveilleux de nature réellement stupéfiante pour l'esprit.

Selon Boukhari, Abou Dawoud, Ahmad et Bayhaqi, le Prophète ﷺ faisait venir tous les nouveaux-nés de Médine sur lesquels il récitait et faisait *nafth* et *tifl* (le souffle mêlé à la salive) dans leurs bouches. Ensuite il recommandait aux mères de ne pas les allaiter jusqu'à la tombée de la nuit. Il fit plus tard la même chose à la Mècque. Les noms de plus de 100 *ansar* (ceux qui aidèrent) et *mouhajirin* (Emigrants) qui reçurent cette particulière bénédiction furent transmirent avec des chaînes de transmissions (*isnad*) et sont disponibles dans les principaux livres de biographies.

4. La Tasse Du Prophète ﷺ

Hajjaj ibn Hassan dit:

«Nous étions au domicile de Anas, et il fit sortir la tasse du Prophète ﷺ d'une poche noire. Il ordonna de la remplir avec de l'eau, et nous en buvions et en mit sur nos têtes, nos visages et multiplions les bénédictions sur le

Prophète ﷺ[255]. Assim dit: «Je vis cette tasse, et je m'en suis servi pour boire»[256].

5. Le *Minbar* Du Prophète ﷺ

Ibn Oumar avait l'habitude de toucher le siège du *minbar* du Prophète et de s'essuyer le visage pour des bénédictions.[257]

D'Abou Hourayra, Jabir, Abou Imama et Malik: Ce fut la *sounnah* du Prophète ﷺ de jurer à la vérité à partir de son *minbar*[258]. Ibn Hajar dit qu'à la Mècque, l'on jure entre le coin Yemenite et la place d'Abraham (*maqam ibrahim*).[259]

6. L'Argent que le Prophète ﷺ dépensa

Jabir vendit un chameau au Prophète ﷺ et celui-ci donna des directives à Bilal d'ajouter un *qirat* (1/2 *dirham*) à la somme convenue. Jabir dit: «Ce que le Prophète ﷺ a ajouté ne me quittera jamais» et après quoi il le conserva.[260]

7. Les Cannes du Prophète ﷺ

Lorsque Abdoullah ibn Anis revint de l'une de ses batailles, ayant tué Khalil ibn Soufyan ibn Nabih, le Prophète ﷺ le récompensa avec sa canne et lui dit: «Ce sera un signe

---

[255] Ahmad, Ibn Kathir.
[256] Boukhari.
[257] Al-Moughni 3:559; *al-Chifa* 2:54; Ibn Sad *Tabaqat* 1:13; *Mawsouat fiqh* Abdoullah ibn Oumar p.52.
[258] Nissai, Ahmad, Abou Dawoud, Ibn Majah et autres. Boukhari le confirme.
[259] Ibn Hajar, *Fath al-bari*.
[260] Boukhari.

VI. RECHERCHE DE BÉNÉDICTIONS (*TABARROUK*) À TRAVERS LES RELIQUES DU PROPHÈTE

entre toi et moi le Jour de la Résurrection ». Après lequel, il ne s'en sépara plus et fut enterré avec elle lorsqu'il mourut.[261]

Qadi Iyad rapporte qu'après que Jihjah al-Ghifari arracha la canne du Prophète ﷺ des mains d'Outhman et essaya de la briser avec son genou, une infection s'abbatit sur son genou qui finit par être amputer, et il mourut avant la fin de l'année.[262]

8. La Chemise du Prophète ﷺ

Jabir dit:

«Le Prophète ﷺ vint après que Abdoullah ibn Oubay ait été mis dans sa tombe. Il ordonna à ce qu'on le fasse ressortir. Il plaça sa main sur le genou d'Abdoullah, souffla (*nafth*) sa salive sur lui et l'habilla avec son habit.[263]

9. Les lieux de prière (*Moussalla*) du Prophète ﷺ

Il y a plusieurs chaînes de transmission: Outban ibn Malik fut l'un des Compagnons de la bataille de *Badr*. Après qu'il soit devenu aveugle, il dit au Prophète ﷺ: «J'aurais souhaité que tu pries dans ma maison afin que je prie là où tu as prié». Le Prophète ﷺ alla dans sa maison et lui demanda où exactement il aurait souhaité qu'il prie. Il indiqua un endroit, et le Prophète ﷺ y pria.

La version de Mouslim a: «J'envoyai (Outban) un message au Prophète ﷺ: «Vient délimiter un endroit de

---

[261] Rapporté par Ahmad dans son *Mousnad* (3:496).
[262] Qadi Iyad dans son livre *al-Chifa* dans le chapitre intitulé «L'estime pour les choses et places qui ont un rapport avec le Prophète.
[263] Boukhari et Mouslim.

prière pour moi (*khoutt li masjidan*)».²⁶⁴ L'Imam Nawawi dit: «Cela veut dire, délimite pour moi un endroit que je peux prendre comme lieu de prière afin d'avoir des bénédictions du fait que tu ais été ici (*moutabarrikan bi athar al-salihin*)».²⁶⁵... «Dans ces narrations, il y a une preuve que l'on peut rechercher des bénédictions à travers les reliques des saints» (*fihi al-tabarrouk bi athar al-salihin*).²⁶⁶

Oumar, craignant que l'arbre de la prestation de serment au Prophète ﷺ, ayant été pris comme un lieu de prière puisse mener à un retour à l'adoration des idoles, le fit couper.²⁶⁷ Cependant, il est établi que Ibn Oumar bénéficia même des bénédictions en marchant au même endroit où le Prophète ﷺ marcha et pria exactement où le Prophète ﷺ pria, à la fois à la Kabah et au cours de ses voyages, et il arrosa un arbre sous lequel le Prophète ﷺ pria afin qu'il ne meurt pas.²⁶⁸

10. La Tombe du Prophète ﷺ

Dawoud ibn Salih dit: « [Le Caliphe] Marwan [ibn al-Hakam] vit un jour un homme placer sa tête au-dessus de la tombe du Prophète ﷺ. Il dit: «Te rends-tu compte de ce que tu fais? Lorsqu'il s'approcha, il se rendu compte que c'était Abou ayyoub al-Ansari. Ce dernier lui dit: «Oui, je suis venu au Prophète ﷺ et non à une pierre».²⁶⁹

---

²⁶⁴ Boukhari et Mouslim.
²⁶⁵ Imam Nawawi, *Charh sahih Mouslim*.
²⁶⁶ Nawawi dans *Charh Sahih Mouslim*.
²⁶⁷ Boukhari, Ibn Sad (1:73).
²⁶⁸ Boukhari, Bayhaqi (*Sounan* (5:245).
²⁶⁹ Ibn Hibban dans son *Sahih*, Ahmad (5:422), Tabarani dans son *Moujam al-kabir* (4 :189) et son *Awsat* selon Haythami dans *al-Zawaid* (5:245), al-

VI. Recherche de Bénédictions (*Tabarrouk*) à travers les Reliques du Prophète

Mouadh ibn Jabal et Bilal vinrent de même à la tombe du Prophète ﷺ et s'assirent en pleurant, et le dernier frotta sa face contre la tombe.[270]

Hafiz al-Dhahabi écrit dans son abrégé sur ses cheikhs:

> Ahmad ibn al-Moumin nous rapporta ... [avec sa chaîne de transmission] d'Ibn Oumar que ce dernier n'aimait pas toucher la tombe du Prophète ﷺ. Je dis: Il n'aime pas le faire parce qu'il considère cela comme un manque de respect. Ahmad fut questionné au sujet de toucher et d'embrasser la tombe du Prophète ﷺ, et il ne trouva rien d'anormal à cela. Son fils Abd Allah rapporta ce récit de lui.[271]

Dhahabi continue:

> S'il est dit: «Pourquoi les Compagnons ne l'ont pas fait?» La réponse est: «Parce qu'ils l'ont vu avec leurs yeux lorsqu'il était en vie, jouit directement de sa présence, embrassé sa main, se sont à peine bagarrés sur le restant de l'eau de son ablution, se sont partagés ses cheveux purifiés le jour du plus grand pèlerinage, et même lorsqu'il crachait, sa salive ne touchait

---

Hakim dans son *Moustadrak* (4:515); les deux, le dernier et al-Dhahabi dirent que c'est *sahih*. Cité aussi par al-Soubki dans *Chifa al-siqam* (p.126), Ibn Taymiyya dans *al-Mountaqa* (2:261 f.) et Haythami dans *al-Zawaid* (4:2).

[270] Ibn Majah, (2:1320), Ahmad, Tabarani, Soubki et Ibn Assakir.

[271] Al-Dhahabi, *Moujam al-chouyoukh* (1:73) dans la partie consacrée à son cheick Ahmad ibn Abd al-Moumim al-Qazwini (#58).

pas le sol mais était recueillie dans la main de quelqu'un qui la passa sur son visage. Dans la mesure que nous n'avions pas eu l'immense fortune de partager ces évènements, nous nous jetons sur sa tombe en guise d'engagement, de révérence et d'acceptation, voire même l'embrasser. Ne voyez-vous pas ce que fit Thabit al-Bounani lorsqu'il embrassa la main de Anas ibn Malik et la mis sur son visage en disant: «Est-ce la main qui a touché la main du Messager d'Allah»? Les Musulmans ne sont poussés à ce genre de choses que par amour extrême de leur Prophète ﷺ comme ils ont été ordonnés d'aimer Allah et le Prophète ﷺ plus qu'ils aiment leurs propres personnes, leurs enfants, tous les êtres humains, leurs propriétés, le paradis et ses jeunes filles. Il y a même certains croyants qui aiment Abou Bakr et Oumar que leurs propres personnes…

Ne voyez-vous pas que les Compagnons, dans leur amour excessif pour le Prophète ﷺ lui demandèrent: «Ne devrons-nous pas nous prosterner devant toi»? Et il répondit non, et s'il le leur avait permis, ils se serraient prosternés devant lui en guise de complète vénération et de respect et non en guise d'adoration juste comme les frères du Prophète Josephe ﷺ se sont prosternés à lui. Similairement, la prosternation du Musulman à la tombe du Prophète ﷺ se fait dans l'intention

VI. Recherche de Bénédictions (*Tabarrouk*) à travers les Reliques du Prophète

de magnification et de vénération. L'on ne doit pas être taxé de mécréance à cause de cela en aucune façon (*la youkaffarou aslan*), mais c'est une désobéissance [à l'injonction du Prophète ﷺ aux Compagnons.] Qu'il sache alors que cela est interdit! C'est le même cas pour celui qui prie en direction de la tombe.

Le fils de l'Imam Ahmad, Abd Allah dit: Je demandai à mon père au sujet de l'homme qui touche et embrasse le pommeau du *minbar* du Prophète pour avoir des bénédictions ou qui touche la tombe du Prophète ﷺ. Il répondit: «Il n'y a rien de mal en cela». Abd Allah demanda aussi à l'Imam Ahmad au sujet de l'homme qui touche et embrasse le *minbar* du Prophète ﷺ pour des bénédictions et qui fait de même pour la tombe ou quelque chose de ce genre dans l'intention de se rapprocher d'Allah». Il répondit: «Il n'y a rien de mal en cela».[272]

Déjà mentionné est l'authentique récit où au temps de Oumar, il y avait une sécheresse durant laquelle Bilal ibn Harith vint à la tombe et dit: «Ô Messager d'Allah! Demande à Allah la pluie au nom de ta Communauté».

Comme déjà aussi mentionné, il y a le récit d'Aïcha où elle donna des directives en période de sécheresse afin que le toit soit ouvert sur la tombe du Prophète ﷺ et qu'il pleuvrait.

Oumar envoya un message à Aïcha disant: «Peux-tu me permettre d'être enterré avec mes deux compagnons (le Prophète ﷺ et Abou Bakr)»? Elle dit: «Oui, par Allah!»

---

[272] Rapporté par Abdoullah ibn Ahmad Hanbal dans son livre intitulé *al-Ilal fi marifat al-rijal* (2:492).

quoique ce fut son habitude de refuser cette requête à tout homme parmi les Compagnons qui lui en demandait.²⁷³

11. Le Manteau (*Joubba*) du Prophète ﷺ

L'Imam Mouslim rapporte qu'Abd Allah, l'esclave affranchi d'Asma, la fille d'Abou Bakr, l'oncle maternel du fils d'Ata, dit:

> «Asma m'envoya à Abdoullah ibn Oumar, disant: «Des informations me sont arrivées au sujet desquelles j'ai appris que tu interdits trois choses: le manteau à rayures, le tapis de selle en soie rouge et jeûner le mois entier de Rajab». Abd Allah me dit: «En ce qui concerne ce que tu dis au sujet de jeûner le mois de Rajab, qu'en est-il de celui qui jeûne continuellement? Et en ce qui concerne ce que tu dis au sujet du vêtement à rayures, j'ai entendu Oumar ibn al-Khatab dire qu'il a entendu du Messager d'Allah: «Celui qui porte un vêtement en soie n'en aura pas (dans l'au-delà)». Et je crains que ceux avec des rayures en fassent partie. En ce qui concerne le tapis rouge de selle, voici le tapis de selle d'Abd Allah [le sien], et il est rouge». Je repartis à Asma et lui informa, et elle dit: «Voici le manteau (*joubba*) du Messager d'Allah, et elle m'apporta le manteau fait en tissu Persan avec une bordure de brocart (soie), les manches délimitées avec du brocart (de la soie) et dit: «C'est le manteau du Messager

---

²⁷³ Boukhari.

VI. RECHERCHE DE BÉNÉDICTIONS (*TABARROUK*) À TRAVERS LES RELIQUES DU PROPHÈTE

d'Allah que Aïcha avait en possession jusqu'à sa mort, ensuite j'en pris possession. L'apôtre d'Allah le portait, et nous le lavions pour les malades afin qu'ils puissent en tirer un remède». Mouslim rapporte ce hadith dans le premier chapitre du livre des habits. Nawawi commenta: «Dans ce hadith, il y a une preuve qu'il est recommandé de rechercher des bénédictions à travers les reliques des vertueux et leurs vêtements (*wa fi hadha al-hadith dalil ala istihbab al-tabarrouk bi aathaar al-salihin wa thiyabihim*).»[274]

12. Les objets, endroits et gens que le Prophète ﷺ a touché

Souwayd ibn Ghafalah rapporta:

Je vis Oumar embrasser la Pierre Noire et s'y accrochant, disant: «Je vis le Messager d'Allah ayant un grand amour pour toi». Ce hadith a été rapporté sous l'autorité de Soufyan avec la même chaîne de narrateurs (et les mots sont): «Il (Oumar) dit: «Je sais que tu es une pierre, je ne t'aurais donné aucune valeur sauf que je vis Abou al-Qassim porter un grand amour pour toi». Et il ne mentionna pas s'y accrochant.[275]

Qadi Iyad rapporte que l'Imam Malik refusait de monter à dos d'aucun animal à Médine, et il disait: «J'ai très honte en présence Allah de fouler la terre où est enterré le

---

[274] *Charh Sahih Mouslim* (Livre 37 Chapitre 2 #10).
[275] Mouslim: 7:2916.

Messager d'Allah avec les sabots d'un animal».[276] L'Imam Malik donna une *fatwa* que quiconque dit: «Le sol de Médine est mauvais» soit fouetté trente fois puis emprisonné. Qadi Iyad mentionne les versets d'un visiteur anonyme à Médine:

> *Le voile nous est levé, et une lune brille*
>
> *Sur ceux qui la regardent, balayant toutes les illusions.*
>
> *Lorsque nos montures arrivent à Mouhammad, il nous est interdit d'être sur nos selles.*
>
> *Nous nous approchons du meilleur homme ayant jamais foulé la terre,*
>
> *Alors, nous tenons ce sol en respect et en honneur.*

Qadi Iyad ajoute: «L'on doit respecter les places…dont le sol qui contient le Maître de l'Humanité et à partir duquel le *din* d'Allah et le *sounna* du Messager se répandirent… et la première terre que le corps du Prophète ﷺ toucha après la mort. Son parfum doit être respiré, ses demeures et ses murs doivent être embrassés». Puis il récita:

> *Ô demeure du meilleur des Messagers…*
>
> *Pour toi (Médine) j'ai un intense amour, un amour passionné, et le désir ardent qui enflamme les braises de mon cœur.*
>
> *J'ai un vœu: Si je remplis mes yeux de ces murs et des lieux où tu (Ô Prophète!) as marché,*

---

[276] Qadi Iyad, *Chifa*, dans le chapitre intitulé «L'estime pour les choses et places liées au Prophète».

VI. Recherche de Bénédictions (*Tabarrouk*) à travers les Reliques du Prophète

Là, mes cheveux gris enturbannés seront couverts avec la poussière provenant d'un trop de baiser.

Si ce ne fut pas à cause des obstacles et des ennemis,

Je les aurais toujours visités,

Même si je devrais être traîné par mes pieds.[277]

Al-Tabarani et l'Imam Ahmad rapportèrent à travers Handhala Ibn Houdhaym que ce dernier alla avec son grand-père Houdhaym au Prophète ﷺ. Houdhaym dit au Messager d'Allah: «J'ai des fils et petit-fils, certains sont pubères et d'autres sont encore des enfants». Montrant l'enfant auprès de lui, il dit: «Celui-ci est le plus jeune». Le Prophète ﷺ rapprocha de lui cet enfant dont le nom était Handhalah, essuya sa tête et lui dit: «*barakallahou fik*», qui veut dire: «Qu'Allah te bénisse». Après cela, les gens apportèrent à Handhalah une personne à la face enflée ou un mouton avec une mamelle enflée. Handhalah plaça sa main sur la partie de sa tête où le Prophète ﷺ essuya, puis toucha la partie enflée et dit *bismillah*, et la partie fut guérie.[278]

Ibn Abi Chayba rapporta: Yazid ibn Abd al-Malik ibn Qoussayt et al-Outbi rapportèrent que ce fut la pratique des Compagnons dans le *Masjid* du Prophète ﷺ de placer leurs mains sur la poignée de la rampe (*roummana*) de la chaire (*minbar*) où le Prophète ﷺ plaçait sa main. Ils faisaient face à la *qibla* et suppliaient Allah dans l'espoir qu'Il exaucerait leur

---

[277] Traduction d'Aisha Bewley dans Muhmmad the messenger of Allah: *ash-shifa of Qadi Iyad* p.248.

[278] Al-Tabarani, al-Awsat et al-Kabir (4:16); L'Imam Ahmad dans *Mousnad* (5:67-68) avec une chaîne authentique comme cité par al-Haythami dans *al-Zawaid* (4:211).

supplication parce qu'ils avaient placé leurs mains où le Prophète ﷺ plaçait les siennes en suppliant. Abou Mawdouda dit: «Et je vis Yazid ibn Abd al-Malik faire la même chose».

Cette pratique des Compagnons clarifie deux problèmes:

1. Le premier est la permissivité de demander à Allah des choses par le Prophète ﷺ (*tawassoul*) après sa mort dans la mesure où par leur acte, les Compagnons faisaient réellement du *tawassoul*. De même, il est permis de demander des choses à Allah par les autres Musulmans pieux.

2. Le second est la permissivité de rechercher des bénédictions (*baraka*) à partir des objets que le Prophète ﷺ toucha.[279]

Le *tabii* Thabit al-Bounani dit qu'il avait l'habitude d'aller à Anas, lui embrasser ses mains et dire: Ce sont les mains qui ont touché le Prophète ﷺ». Il embrassait ses yeux et disait: «Ce sont les yeux qui ont vu le Prophète ﷺ».[280]

Selon Boukhari, Abd Rahman ibn Razin rapporta que l'un des Compagnons, Salama ibn al-Akou, leva ses mains

---

[279] Rapporté par Ibn Abi Chayba, *Moussannaf* (4:211) dans le chapitre intitulé «Toucher la tombe du Prophète» avec une chaîne authentique selon Ibn Hajar al-Asqalani et Qadi Iyad dans son livre *al-Chifa* dans le chapitre intitulé «Ce qui concerne la visite de la tombe du Prophète, l'excellence de ceux qui la visite et comment il doit être salué».

[280] Abou Yala le rapporta dans son *Mousnad* (6:211) et Ibn Hajar le mentionne dans son *al-Matalib al-aliya* (4:111). Al-Haythami le déclara d'authentique dans son *Majma al-zawaid* (9:325).

VI. Recherche de Bénédictions (*Tabarrouk*) à travers les Reliques du Prophète

devant un groupe de gens et dit: «Avec ces mains même que voici, j'ai prêté serment d'allégeance (*baya*) au Messager d'Allah», à la suite duquel, tous ceux qui étaient présents se levèrent et allèrent embrasser sa main. Une autre version de ce hadith fut rapportée par Ahmad.[281]

Abou Malik al-Achjai dit qu'une fois, il demanda à un autre Compagnon de l'Arbre, Ibn Abi Awfa: «Donne-moi la main qui a prêté *baya* au Messager d'Allah afin que je puisse l'embrasser». Rapporté par Ibn al-Mouqri.

Boukhari rapporte aussi que Souhayb vit Sayyidina Ali embrasser la main et les pieds de al-Abbas, l'oncle du Prophète ﷺ, et que Thabit embrassa la main d'Anas parce qu'elle toucha la main du Prophète ﷺ.[282]

Al-Chourounbali al-Hanafi, dans son manuel de *Fiqh* intitulé *Nour al-idah*, dit:

> Il est méritoire d'entrée dans la Maison Sainte [Kabah]. La personne qui y entre doit chercher la place où le Prophète ﷺ performa sa prière rituelle. Cette place est devant elle lorsque son dos fait face à la porte afin qu'il y ait une distance de trois fois l'avant-bras entre elle et la porte devant elle. Elle y performera sa prière rituelle. Si elle la performe près du mur, elle y accolera sa joue et priera Allah pour le pardon et le Louera.[283]

---

[281] Boukhari dans son *Adab al-moufrad*.
[282] *Ibid*.
[283] Al-Hanafi dans le livre de pèlerinage de son manuel de *fiqh* intitulé *Nour al-idah* (taduit par Muhammad Abul Qasem sous le titre *Salut De l'âme et les Dévotions Islamiques*) (p.225).

13. La terre et la végétation de Médine

Les mérites de Médine, à savoir, la prière à Médine, la visite du *Masjid al-Nabawi*, vivre à Médine, ne pas couper ses arbres etc.… sont toutes basées sur le fait que le Prophète ﷺ y réside. Le fait que ce soit un sanctuaire sacré (*haram*) et une arène protégée (*hima*) est bien connu dans les hadiths. Il est même fortement recommandé d'entrer à Médine qu'à pieds, et plusieurs Compagnons, *tabii*, et *tabi al-tabiin* ne sont jamais entrés à Médine qu'à pieds en respect pour la Sainte Présence du Prophète ﷺ.

Ali ibn Abou Talib rapporta:

Le Prophète ﷺ dit: «L'herbe fraîche de Médine ne doit pas être coupée, son divertissement ne doit pas être proscrit, et les objets y abandonnés ne doivent être ramassés que par celui qui l'annonce publiquement, il n'est permis à personne de porter des armes pour combattre, et il n'est pas conseillé d'abattre ses arbres à l'exception de ce qu'un homme coupe pour le fourrage de son chameau.[284]

Abou Hourayra rapporta:

Quand les gens virent les premiers fruits (de la saison ou des plantations), ils les envoyèrent à l'apôtre d'Allah. Lorsqu'il les reçut, il dit: «Ô Allah! Béni nous dans nos fruits, béni nous dans notre ville, béni nous dans notre *sa's* et béni nous dans notre *moudd* (c'est à dire dans

---

[284] Abou Dawoud, 10:2030.

toute mesure). Ô Allah! Ibrahim était ton serviteur, Ton ami et apôtre; et je suis ton serviteur et ton apôtre. Il (Ibrahim) Te supplia pour une pluie de bénédictions sur la Mècque, et je Te supplie pour Médine comme il Te supplia pour la Mècque, et la pareille en surplus. Il appela alors le plus jeune des enfants et lui donna ces fruits.[285]

Puisque le Prophète ﷺ implora des bénédictions d'Allah pour la ville entière et ses fruits, alors Médine doit être pleine de bénédictions dans la mesure où sa supplication est une *doua moustajab* ou prière acceptée. Par conséquent, il est de coutume pour les pèlerins d'acheter des dattes de Médine pour leurs bénédictions et de les emporter et les partager avec ceux qui n'ont pas pu effectuer le pèlerinage. Il est dit qu'il y existe encore des palmiers dattiers plantés par les mains bénies du Plus Noble des Messagers lui-même, la paix et les bénédictions sur lui.

14. Sa Main et ses Pieds

Le premier hadith que l'Imam Ahmad rapporta d'Anas ibn Malik dans son *Mousnad Anas* est: «La Communauté entière des gens de Médine avait l'habitude de se précipiter sur la main du Prophète ﷺ pour obtenir ce dont ils avaient besoin».[286]

Aïcha, la Mère des Croyants, rapporta: «Le Messager d'Allah, qu'Allah le bénisse et lui accorde la paix, lorsqu'il avait une douleur, récitait les trois dernières *sourahs* du

---

[285] Mouslim, 7:3170.
[286] Ahmad, *Mousnad* 3:98 (#11947).

Coran sur lui-même et soufflait». Elle dit: «Lorsque sa douleur était pénible, je les récitais sur lui et l'essuyait avec sa main droite escomptant des bénédictions s'y rapportant».[287]

Oussama ibn Charik rapporta:

J'allai voir le Prophète ﷺ lorsque ses Compagnons étaient avec lui, et ils étaient silencieux comme si des oiseaux s'étaient posés sur leurs têtes. Je lui transmis mon *Salam*, et je m'assieds. [Puis des Bédouins vinrent et posèrent des questions auxquels le Prophète ﷺ répondit.]… Puis le Prophète ﷺ se leva. Ils commencèrent à embrasser sa main après quoi je pris sa main et la plaça sur mon visage. Je la trouvai plus parfumée que le musc et plus fraîche que de l'eau douce.[288]

Abd Allah ibn Oumar rapporta:

Ibn Oumar a été envoyé avec un détachement par l'apôtre d'Allah. Les gens ont fait demi-tour en fuite. Il dit: «J'étais l'un de ceux qui ont fait demi-tour en fuite. Lorsque nous nous sommes arrêtés, nous avons dit: «Que devons

---

[287] Rapporté par Malik dans *al-Mouwatta*, Livre 50, N°50, 4:10.
[288] Rapporté par Abou Dawoud (#3855), Tirmidhi (2038) – *hassan sahih*), Ibn Majah (3436), al-Hakim (4:399) et Ahmad (4:278). Al-hafiz Imam Bayhaqi le cite dans la Branche 15 de son *Chouab al-iman* intitulé: La quinzième Branche de la Foi, à savoir Un chapitre sur Rendre Honneur au Prophète, Declarer Son Haut rang et le Vénéré (*al-Khamis achar min chouab al-iman wa houwa baboun fi atazim al-nabi sallallahou alayhi wa sallama wa ijlalihi wa tawqirih*) Vol. 2 p.200 (#1528).

VI. RECHERCHE DE BÉNÉDICTIONS (*TABARROUK*) À TRAVERS LES RELIQUES DU PROPHÈTE

nous faire? Nous avons fuit le champ de bataille, et nous méritons la punition d'Allah». Puis nous avons dit: «Entrons à Médine, restons y et allons pendant que personne ne nous voit». Ainsi donc, nous sommes entrés dans la ville et avons pensés: «Si nous nous présentons auprès de l'apôtre d'Allah, et s'il y a une chance de repentir pour nous, nous resterons; dans le cas contraire, nous nous en irons». Ainsi donc nous nous sommes assis (dans l'attente) de l'apôtre d'Allah avant la prière de l'aube. Lorsqu'il est sortit, nous nous sommes levés à son égard et avons dit: «Nous sommes ceux qui ont fuit ». Il nous a regardé et dit: «Non, vous êtes ceux qui retournent à la bataille après avoir fuit». Nous nous nous sommes approchés alors et avons embrassés sa main, et il a dit: «Je suis le tronc principal des Musulmans».[289]

Ibn Oumar raconta un récit et dit: «Ensuite, nous sommes venus auprès du Prophète ﷺ et avons embrassés sa main». Rapporté dans le *Sounan* d'Ibn Majah, dans le *Sounan*

---

[289] Abou Dawoud, Livre 14 [*Jihad*], N°2641. Ce hadith est aussi dans *al-Abhari*; dans le livre de al-hafiz Ibn Mouqri sur se lever et embrasser la main en guise de respect; dans *Adab al-moufrad* de l'Imam Boukhari (Chapitre sur Embrasser la Main et le Chapitre sur Embrasser le pied), dans Ibn Majah (*Adab*) dans *Dalail an-noubouwwa* de Bayhaqi et dans le *Mousnad* d'Ahmad ibn Hanbal.

d'Abou Dawoud et dans le *Moussannaf* à deux différentes chaînes.[290]

Oumm Aban, la fille d'al-Wazi ibn Zari rapporta que son grand-père Zari al-Abdi qui était un membre de la délégation d'Abd al-Qays dit: «Lorsque nous sommes venus à Médine, nous nous sommes rués pour être les premiers à descendre et à embrasser la main et le pied de l'apôtre d'Allah... (Jusqu'à la fin du hadith)».[291] Boukhari rapporte d'elle un hadith similaire dans son *Adab al-moufrad*: Nous marchions et quelqu'un dit: «Voici le Messager d'Allah», ainsi donc nous avons pris ses mains et pieds et les avons embrassés.

Bourayda rapporta que l'un des bédouins Arabe qui vint au Prophète ﷺ, demanda: «Ô Messager d'Allah! Donne-moi la permission d'embrasser ta tête et tes mains», et il les reçu. Dans une autre version, il demanda la permission d'embrasser la tête et les pieds.[292]

Safwan ibn Assal al-Mouradi rapporte: «L'un de deux Juifs dit à son compagnon, envoie-nous à ce Prophète ﷺ afin que nous le demandons au sujet des dix signes de Moussa ﷺ»... [Le Prophète ﷺ répondit exactement à toutes

---

[290] Ibn Majah, Livre de *adab*, Chapitre sur embrasser la main d'un homme par un autre homme et Abou Dawoud, Livre de *adab*, Chapitre sur embrasser la main.
[291] Abou Dawoud, 41:5206.
[292] Rapporté dans *Ihya de Ghazali* et la version mentionnant les pieds est dans *Moustadrak* de Hakim et dans Ibn Mouqri. Les deux, al-Hakim et al-Iraqi déclarèrent la dernière version d'authentique.

puis] ils embrassèrent ses mains et pieds et dirent: «Nous attestons que tu es un Prophète ﷺ...»[293]

Qadi Iyad et al-Bazzar rapportent:

Lorsque nous étions en expédition avec le Messager d'Allah, un bédouin vint et demanda pour un miracle. Le Prophète ﷺ montra un arbre du doigt et dit au bédouin: «Dis à cet arbre que le Messager d'Allah t'appelle». L'arbre oscilla, s'arracha elle-même et vint en présence du Prophète ﷺ disant: «Que la paix soit sur toi Ô Messager d'Allah!» Le bédouin dit: «Maintenant, fait-le répartir à sa place!» Lorsque le Messager d'Allah l'ordonna, l'arbre retourna à sa place. Le bédouin dit: «Laisse-moi me prosterner devant toi!» Le Messager d'Allah répondit: «Non. Personne n'est permise de faire cela [c'est à dire que c'est *haram*]». Le bédouin dit: «Alors, j'embrasserai ta main et tes pieds». Le Prophète ﷺ le lui permit.[294]

15. La Peau Bénie du Prophète ﷺ

Oussay ibn Houdayr rapporta:

---

[293] Rapporté par Ibn Abi Chayba (Livre de *Adab*, Chapitre intitulé Un Homme embrassant La Main d'un Autre HommeLorsqu'Il Le Salue), Tirmidhi (Livre d'Adab) qui le déclara de *hassan sahih*, al-Nissai, Ibn Majah (Livre de *Adab* et al-Hakim qui le déclara de *sahih*.

[294] Rapporté par Qadi Iyad dans *al-Chifa* (1 :299) et al-Bazzar dans son *Mousnad* « 3 :49).

Abd al-Rahman ibn Abi Layla, citant Oussay ibn Houdayr, un homme des Ansar, dit qu'alors qu'il faisait de la plaisanterie et faisait rire les gens, le Prophète ﷺ lui donna un coup avec un bâton sous les côtes. Il dit: «Je dois te rendre la pareille. Il dit: «Rend-la». Il dit: «Tu portes un habit alors que je n'en porte pas». Alors, le Prophète ﷺ souleva son habit, et l'homme l'embrassa et commença à lui donner un baiser sur son côté. Puis il dit: «C'est ce que je voulais, Apôtre d'Allah!»[295]

Ibn Abd al-Barr rapporte que le Prophète ﷺ, après avoir interdit deux ou trois fois l'utilisation de *khalouq* (un genre de parfum mélangé avec du safran) et constaté que Sawad ibn Amr al-Qari al-Ansari en portait, lui donnait un petit coup à la mi-section avec une tige de palmier dattier (*jarida*) et l'égratigna. Ce dernier lui demanda de lui faire la pareille, et lorsque le Prophète ﷺ dévêtit son propre ventre, il sauta et embrassa le ventre du Prophète ﷺ.[296]

La version d'Ishaq dans la *Sira* mentionne que Sawad était debout dans les rangs des Compagnons de *Badr* au temps de l'incident. Le Prophète ﷺ arrangeait les rangs avec son *miqraa* [bâton flexible], et il donna un petit coup au ventre de Sawad, l'égratignant par mégarde et dit: «Arrange-toi comme les autres». Sawad dit: «*Ya Rassoulallah*! Tu m'as fait mal, alors je veux rendre la mienne». Le Prophète ﷺ lui tendit le *miqraa* et dit: «Rend ton coup». Sawad s'approcha de lui et embrassa son ventre. Le Prophète ﷺ dit: «Qu'est ce

---

[295] Abou Dawoud, Livre 41 N°5205.
[296] Ibn Abd al-Barr, *Istiab fi marifat al-ashab* (p.673).

qui t'a motivé à faire cela?». Il répliqua: «*Ya Rassoulallah*, le moment est venu pour ce que tu vois, et j'aime que mon dernier acte dans ce *dounya* soit de te toucher».

Bouhayssa al-Fazariyya rapporta: «Mon père demanda la permission au Prophète. Puis il vint près de lui, souleva sa chemise et commença à l'embrasser et le serrer dans ses bras par amour».[297]

16. Les Lieux que le Prophète visita

Abou Bourda rapporta:

Lorsque je suis venu à Médine, j'ai rencontré Abdoullah bin Salam. Il dit: «Voudriez-vous venir avec moi afin que je vous serve du *sawiq* (c'est à dire de l'orge pulvérisée) et des dattes et que je vous permette d'entrer dans une maison (bénie) dans laquelle le Prophète est entré?… »[298]

17. Sa Nourriture

Boukhari rapporte:

Le Messager d'Allah résidait dans la maison d'Abou Ayyoub jusqu'à ce que sa mosquée et sa demeure fussent construites, puis il déménagea dans sa propre résidence. Yazid ibn Abou Habib rapporta de Marthad ibn Abd Allah al-Yazani qui rapporta d'Abou Rouhm al-Samai que Abou Ayyoub lui dit: «Lorsque le

---

[297] Abou Dawoud, Livre 9, N°1665.
[298] Boukhari, Volume 5, Livre 58, N°159.

Messager d'Allah ﷺ vint à loger dans ma maison, il occupa le rez-de-chaussée alors que Oumm Ayyoub et moi logeaient là-haut. Je lui dis: «Ô Prophète d'Allah! Tu m'es aussi cher que mes parents, et il est pénible pour moi que je sois là-haut et que tu sois sous moi. Donc, quitte ta place et échangeons nos places». Il répondit: «Ô Abou Ayyoub! Il me convient plus, mes invités et moi d'être au rez-de-chaussée». Nous sommes restés donc ainsi. Une fois, nous avons brisés une jarre d'eau, et Oumm Ayyoub et moi avons pris un de nos habits pour éponger l'eau de peur qu'elle ne coule sur le Prophète ﷺ et qu'il soit gêné. Nous n'avions plus d'habit que nous pouvions utiliser. Nous avons cuisinés son repas du soir et le lui a envoyé. Lorsqu'il retourna ce qui resta, Oumm Ayyoub et moi avons touchés l'endroit où il avait posé sa main et avons mangés à partir de cette place dans l'espoir d'obtenir une bénédiction.

18. Ses Flèches

Ibn Hicham:

L'Apôtre ordonna aux forces de tourner à droite à travers le terrain salé sur la route qui mène au passage d'al-Mourar à la pente d'al Houdaybiyya par-dessous la Mècque. Ils firent ainsi, et lorsque la cavalerie Qouraych vit la poussière de l'armée, indiquant qu'ils ont dévié

VI. RECHERCHE DE BÉNÉDICTIONS (*TABARROUK*) À TRAVERS LES RELIQUES DU PROPHÈTE

de leur voie, ils retournèrent au galop aux Qouraych. L'Apôtre alla jusqu'au passage d'al-Mourar, et lorsque sa chamelle s'agenouilla et que les gens dirent: «La chamelle ne veut pas se lever», il dit: «Elle n'a pas refusé et telle n'est pas sa nature, mais Celui qui a empêché l'éléphant d'entrer à la Mècque la retient. Aujourd'hui, quelle que soit la condition dans lesquelles les Qouraych me demandent de faire preuve de bonté à mes âmes sœurs, j'accepterai». Ensuite, il dit aux gens de descendre. Ils objectèrent du fait qu'il n'y avait pas d'eau dans les parages où ils pouvaient s'arrêter; ainsi il prit une flèche de son carquois et la donna à l'un de ses Compagnons qui la mit dans un point d'eau et l'agita par le milieu à la suite duquel l'eau accrut jusqu'à ce que les chameaux des Compagnons eurent étanché leur soif puis s'y reposèrent.[299]

19. Les Sandales du Prophète ﷺ

Boukhari et Tirmidhi rapportent de Qatada: «Je demandai à Anas de me décrire les sandales du Messager d'Allah, et il répondit: «Chaque sandale avait deux lanières», et d'Issa ibn Tahman: «Anas fit sortir une paire de chaussure et nous les montra. Elles n'avaient pas de poil».[300]

---

[299] Ibn Hicham, *Sirat rassoul Allah*, traduit par A. Guillaume, «La vie de Mouhammad » p.500-501.
[300] La remarque concerne la pratique Arabe de ne pas enlever les poils du cuir qui servait à faire les chaussures.

Boukhari, Malik et Abou Dawoud rapportent qu'Oubayd ibn Jarih dit à Abd Allah ibn Oumar: «Je vois que tu portes des sandales tannées». Il répondit: «Je vis le Prophète ﷺ porter des sandales sans poils et performer l'ablution sur elles, et j'aime les porter ainsi».

Al-Qastallani dit qu'Ibn Massoud était l'un des serviteurs du Prophète ﷺ, et qu'il avait l'habitude d'envoyer au Prophète ﷺ son oreiller (*wissada*), son cure-dent (*siwak*), ses deux sandales (*nalayn*) et de l'eau pour son ablution. Lorsque le Prophète ﷺ se levait, il le chaussait de ses sandales; lorsqu'il s'asseyait, il gardait ses sandales dans ses mains jusqu'à ce qu'il se lève.[301]

Qastallani rapporte le récit suivant de l'un des grands *tabiin*:

> Abou Ishaq (al-Zouhri) dit: «Al-Qassim ibn Mouhammad (ibn Abou Bakr al-Siddiq) dit: «Une preuve de la bénédiction des sandales du Prophète ﷺ est que quiconque les a en sa possession pour *tabarrouk*, elles lui donneront protection contre la sédition des rebelles, la machinerie des ennemies et seront une barrière contre chaque démon et le mauvais œil des envieux. Si une femme enceinte la tient dans sa main droite au moment de l'accouchement, elle délivre facilement par la volonté d'Allah et Son pouvoir.

Al-Qastallani dit aussi qu'Abou al-Yaman ibn Assakir rédigea un volume sur l'image des sandales du Prophète ﷺ

---

[301] Al-Qastallani, *al-Mawahid al-ladouniyya* (éd. Béirout, 1996) 1:429.

VI. RECHERCHE DE BÉNÉDICTIONS (*TABARROUK*) À TRAVERS LES RELIQUES DU PROPHÈTE

comme le fit Ibn al-Hajj al-Andalousi. Il raconte le récit d'un pieux cheikh répondant au nom d'Abou Jafar Ahmad ibn Abd al-Madji:

> Je coupai le modèle de cette sandale pour l'un de mes élèves. Il vint à moi un jour et dit: «J'ai vu une merveille hier provenant de cette sandale. Ma femme souffrait d'une douleur qui lui a presque coûté sa vie. J'ai mis la sandale juste à l'endroit de sa douleur et dit: «Ô Allah! Montre-moi la bénédiction du propriétaire de cette sandale. Allah l'a guéri sur le champ»[302].

Al-Mounawi et al-Qari mentionnent qu'Ibn al-Arabi dit que les sandales font partie des accoutrements des prophètes, et les gens les ont seulement abandonnées à cause de la boue dans leur pays[303]. Il mentionna aussi que l'un des noms du Prophète ﷺ dans les livres anciens est *sahib al-nalayn* ou «Le porteur des deux sandales». Cheikh Youssouf al-Nabahani récita au sujet des sandales du Prophète ﷺ :

> *Wa naloun khadana haybatan li waqariha*
>
> *Fa inna mata nakhdaou li haybatiha nahou*
>
> *Fa daha ala ala al-mafariqi innaha*
>
> *Haqiqataha tajoun wa sourataha nahou*
>
> Une sandale dont nous sommes soumis à la noblesse majestueuse
>
> Car par soumission à sa majesté nous nous élevons.

---

[302] *Ibid.* 2 :174.

[303] Al-Mounawi et al-Qari dans leurs commentaires sur *al-Chamail* de Tirmidhi.

Par conséquent, place-là au plus haut endroit, car elle est en réalité une couronne quoique son image soit une sandale.

Lorsque l'Imam al-Fakhani vit les sandales du Prophète ﷺ pour la première fois, il récita:

Wa law qila li al-majnouni layla wa waslouha

Touridou am al-dounya wa ma fi zawayaha

Laqala ghoubaroun min tourabi nialiha

Ahabbou ila nafsi wa achfa li balawaha

Et si le fou de Layla était interrogé: Préfères-tu l'union avec Layla ou le monde avec ses trésors?

Il aurait répondu: «La poussière de ses sandales est plus chère à mon âme, et son remède le plus apaisant».

Chihab al-Din Ahmad al-Mouqri et Ashraf Ali al-Tahanawi, le cheikh Déobandi, ont écrit des œuvres entières sur les sandales du Prophète ﷺ.[304]

Le *mouhaddith* de l'inde, Mouhammad Zakariyya Kandhalawi dit dans sa traduction de *Chamail* de Tirmidhi:

Maoulana Achraf Ali Thanwi Sahib a écrit dans son livre *Zaadous Saeed*, un traité détaillé sur la

---

[304] Le livre d'Al-Mouqri est *Fath al-moutaal fi madh al-nial* (L'ouverture du Très Haut dans l'éloge des sandales du Prophète) et le traité D'Achraf Ali al-Tahanawi est intitulé *Nayl al-chifa bi moustafa* (Obtenir un remède à travers les sandales de l'Elu) qui est dans le livre *Zad al-said* (Provision pour le chanceux). Les deux sont cités dans *Adilla* de al-Sayyid Hachim al-Rifai p.101.

barakat et les vertus des chaussures de *Rassouloullah Sallallahou Alayhi Wassallam*. Ceux intéressés à ce sujet doivent lire ce livre (qui est disponible en Anglais). En bref, il peut être dit qu'elle [la sandale du Prophète ﷺ] a des qualités infinies. Les *oulama* en ont eu l'expérience plusieurs fois. On est béni en voyant *Rassoulloullah Sallallahou Alayhi Wassallam* dans son rêve, on reçoit la protection contres les oppresseurs et chaque vœu sincère est acquis. Chaque souhait est réalisé par son *tawassoul* (moyen, pétition, requête). La méthode du *tawassoul* y est aussi mentionnée.[305]

20. Sa Ceinture

Malik rapporte:

Yahya me rapporta de la part de Malik qui rapporta de la part d'Ayyoub ibn Abi Tamima as-Sakhtyani qui rapporta de Mouhammad ibn Sirin que Oumm Atiyya al-Anssariyya dit: Le Messager d'Allah, qu'Allah le bénisse et lui accorde la paix, vint à nous lorsque sa fille décéda et dit: «lavez-la trois fois ou cinq fois ou plus que cela si vous pensez que cela est nécessaire avec de l'eau et des feuilles de lotus et à la fin mettez du camphre ou un peu de camphre et faite-moi savoir lorsque vous aurez

---

[305] Maoulana Mouhammad Zakariyya Kandhalwi, trad. et éd. De Tirmidhi, al-*Chamail al-mouhammadiyya*, 2nd éd. (Ghaziabad, Inde:New Era Publisher, 1994) p.72-73.

fini». Lorsque nous avons fini, nous le lui avons fait savoir, et il nous donna sa ceinture et dit: «Enveloppez-la avec ceci».[306]

De toutes les preuves citées ci-dessus, nous voyons que le *tawassoul* et le *tabarrouk* sont une intime et une intégrale partie de la pratique des Compagnons, que les deux sont *sounna*, et qu'aucun des savants du courant principal Islamique ne les refuse.

---

[306] Malik, *Mouwatta*, Livre 16 N°16.1.2.

Glossaire

A
ahkam: les règles légales.
Ahl al-bidaʿa wa al-ahwaʾ: Les Gens des Innovations injustifiées et des Vains Désirs.
ahl al-sounna wa al-jamaʿa: Les Gens de la Voie du Prophète ﷺ et de la Congrégation des Musulmans.[307]
ʿaqida, pl. *ʿaqaʾid*: doctrine.
Athar: reliques
awliyaʾ: saints
awrad, ahzab, adhkar: dévotions, pratiques spirituelles.
ʿazaʾim: Les strictes applications de la loi. Celles-ci sont les modes de conduite signifiant la détermination scrupuleuse de l'un à plaire à son Seigneur selon le model du Prophète.

B
bidʿda: innovation blamable;

C
chariʿa: nom regroupant les principes et applications de la loi Islamique.
chouhadaʾ: martyre

D
dalil: guide
douʿa: supplication
dounya: le bas monde, les préoccupations mondaines.
dhawq: goût.

---

[307] Voir la section intitulé «Apostasies et Hérésies» dans notre Doctrine de Ahl al-sounna contre le Mouvement «Salafi»

F

fana': annihilation
faqih, pl. *fouqaha*: savant de fiqh ou de jurisprudence, généralement «personne de connaissance.»
faqir, pl. *fouqara'*: Soufi, lit. «Pauvre.»
fatwa, pl. *fatawa*: décision légale.
fiqh: jurisprudence;
fitna: discorde, conflit.

G

ghayb: l'invisible.
ghawth: l'Arch-Intercesseur

H

hadith: dire(s) du Prophète ﷺ, et les sciences qui s'y appliquent.
hafiz: maître de hadith, le plus haut rang d'étude de hadith.
haqiqi: littéral.
haqiqa: réalité
hijri: adjectif tiré de hijra s'appliquant aux dates du calendrier Musulman.
haram: illicite
hawa: vains désirs
houkm, pl. *ahkam*: règles légales.

I

'ibadat: nom pluriel regroupant tous les actes d'adoration.
'icha': prière de la nuit.
ihsan: la perfection de la croyance et de la pratique.
ijaza: permission
ijtihad: effort personnel de raisonnement légal qualifié.
'Allah al-batin: connaissance cachée.

'Allah al-yaqin: connaissance de la certitude.
'Allah al-as-soulouk: science du voyage à Allah.
'ilm al-ladounni: connaissance divine
imam: leader, autorité religieuse érudite.
isnad: chaîne de transmission dans un hadith ou un rapport;
istighfar: demander pardon
istinbat: dérivation (de règles légales).

J
jihad: lutte contre la mécréance au moyen de la main, la langue, et le cœur.
jihad al-nafs: la lutte contre les basses inclinations de l'ego.
joubba: robe.

K
kachf: dévoilé, vision
kalam: théologie dialytique.
karamat: pouvoirs miraculeux.
khafa: caché
khalwah: retraite (spirituelle).
khaniqah: maisons de hôtes, de retraite.
khalaf: les Suivants, nom général pour tous les Musulmans qui ont vécu après les trois premiers siècles.
khawarij: «Etrangers,» une secte qui accusa de mécréants tous les Musulmans qui ne les suivirent pas. Le Prophète ﷺ dit à leur propos comme cela est rapporté par Boukhari: «Ils appliquerons les versets Coraniques se referant aux mécréants aux croyants.» Ibn 'Abidin appliqua le nom khawarji au mouvement Wahhabi.[308]

---

[308] al-Sayyid Mouhammad Amin Ibn 'Abidin al-Hanafi, *Radd al-mouhtar 'ala al-dourr al-moukhtar*, Kitab al-Iman, bab al-boughar [Reponse au

koufr: mécréance.

M

madrassah: centre traditionnel d'apprentissage

madhhab, pl. *madhahib*: une méthode légale ou école de loi en Islam. Les quatre écoles de loi d'Ahl al-Sounna sont les Hanafi, les Maliki, les Chafi'i, et les Hanbali, en dehors desquelles réside l'égarement.

majazi: figurative.

manhaj, minhaj: Voie, ou méthode doctrinale et juridique.

mou'amalat (pl.): nom pluriel regroupant toutes le affaires entre être humains comme opposés aux actes d'adoration (*'ibadat*).

mou'attila: ceux qui commettent *ta'til*, c'est à dire divertissant Allah de Ses Attributs.

mouhaddith: savant de hadith.

mouhkamat: textes montrant un sens ferme et sans équivoque.

moujahid, pl. *moujahidin*: celui qui va en *jihad*.

moujassima (pl.): ceux qui commettent *tajsim*, attribuant un corps à Allah.

moujtahid: celui qui pratique ijtihad ou un effort personnel de raisonnement légal qualifié.

mounafiq: quelqu'un qui dissimule sa mécréance.

mourid: chercheur (d'Allah), un disciple de la voie Soufie.

mourchid: initiateur

mouchrik, pl. *mouchrikoun*: quelqu'un qui associe des partenaires à Allah.

---

perplexe: Un commentaire sur «La Perle Choisie,» Livre de Croyance, Chapître sur les Rebelles] (Le Caire: Dar al-Tiba'a al-Misriyya 1272/1856) 3:309.

moutakallim, pl. *moutakallimoun*: expert en *kalam*.
moutachabihat (pl.): texte qui admet certaines incertitudes au sujet de leur interprétation.
mouʿtazila: hérésie rationaliste du troisième siècle.

N
nafs: l'ego, l'âme du moi.

Q
qalb: le cœur
qoutb: pôle spirituel

S
safaʿa: pureté.
sahih: fiable et authentique, le plus haut degré d'un hadith.
salaf: les Prédécesseurs, nom général des Musulmans des trois premiers siècles.
sohbah: associations, cercle, réunion
soulouk: éthiques personnelles.
sounna: coutume ou pratique du Prophète ﷺ

T
taʿtil: divertir Allah de Ses Attributs.
tajwid: lecture de Coran.
taqlid: suivre un raisonnement légal qualifié.
tariqa: voie, spécialement la voie Soufie.
tassawwouf: nom collectif pour les écoles et sciences de la purification du cœur.
tawassoul: chercher un moyen;
tahwid: doctrine Islamique du monothéisme.
tawba: repentance
tawhid: connaissance de l'Unicité d'Allah
taʾwil: interprétation figurative.

tazkiyat al-nafs: purification de l'ego.

O

al-Oumma: la communauté du Prophète Mouhammad, la paix et la bénédiction d'Allah sur lui.
ouns: intimité
oussoul: principes.

W

wali': saint
wassilah: moyens

Z

zahid: ascétique
zakat: la part qui revient au pauvre
zahid: ascétique
zawiya': mosquée-écoles
zindiq: partisan du libre arbitre, athéiste.
zouhd: renonciation au bas monde, s'effacer.

www.ingramcontent.com/pod-product-compliance
Lightning Source LLC
Chambersburg PA
CBHW030312080526
44584CB00012B/544